深夜ポンコツ

フラワーカンパニーズ
鈴木圭介

左右社

深夜ポンコツ

目次

革ジャンが似合わないんだよ、俺。

童話

対談

こんな歌ってなんになるのだろう
こんなにころび お金までとって
歌をうたってなんだろう
歌なんて歌ってる自分がはずかしい

（20歳の頃のメモ）

深夜高速の頃

「深夜高速」という曲がある。おそらく僕達フラワーカンパニーズの曲の中で、一番世間に浸透した作品だと思う。

この曲を作ったのは35歳になるかならないかの頃で、今から15年近く前。にもかかわらず、今でもこの曲について熱い感想を言ってもらえたり、ありがたいことに、カバーしてくれる人達もいる。

僕らには公式に発表しただけでも250以上の曲がある。だが、ヒットした曲は一曲もない（もちろん、何枚売れたらヒット曲になるのか？という疑問はあるが）。でも、この「深夜高速」だけは、もしかしてヒットしたんじゃないか？と自分で錯覚してしまうぐらいに知名度が高い（あくまで、僕達の曲の中ではの話だ）。

なぜなんだろう？

自分で自分の曲のことを客観的に語るなんて気持ち悪いし、そもそも、今になって、なぜ「深夜高速」が受け入れられたかなんて考えるのもバカバカしいので、するつもりは全くないが（そんなものは後づけでいくらでもできるし）、ひとつだけ言えるとしたら、この曲は純粋だったということである。

純粋だったというのは、この曲を作った30代中頃の自分達の活動や、日々の暮らしに対して純粋だった。

この頃の僕達は、もういろんなところで話しつくしたことだけど、ライブをやるために日本中を機材車1台で回りながら、その合間に新曲を作っては録音して、ＣＤにしてライブ会場で販売するということをひたすら無我夢中でやっていた。メジャーレーベルや事務所との契約はとうの昔に切れていて、月々に通帳に振り込まれる給料は、全てライブで稼いだお金だった。

20代の頃に大手レコード会社と大手事務所と契約していた時は、ＣＤの印税が不定期に入ってきていたが、30代のこの頃に入ってきていた印税は、以前とは比べようがないぐらい少なく、まさに雀の涙だった。そんな暮らしだったから、毎朝目覚めると、不安や焦りがべっとりと喉の奥にはりついていて、時おり喘息のように、咳が止まらない日もあった。

とは言っても、20代の頃に比べて、自分達の足で生活しているという実感があったし、体力もまだそれなりにあったから、悲壮感はそれほどなかった。

メンバー4人とも根が楽天的なこともあって（リーダーのグレートマエカワだけは、一人でお金の管理やライブのブッキングをやっていたので大変だったと思うが）、結構わいわいと楽しくやっていたように思う。

ただ深夜、ライブを終えた後、次の街へ移動している時なんかに、寂しさと先への不安で押しつぶされることも少なくなかった。

「深夜高速」はそんな当時の僕達の気持ちの一部分を純粋にすくい取ったんだと思う。

ああ、結局自分で解説しているじゃないか。

恥ずかしいぞ、俺……。若かった頃の自分を誇張して、苦労話として語ったり、今の自分と切り離してまるで他人事のように語ることほど恥ずかしいことはないのに。

そもそも、そんな話、成功者しかやっちゃいけないんじゃないか？

俺、成功してるか？　確かに今もライブと30代の頃よりもっと少ない雀の涙、いや、オケラの涙のような印税で生活はできているけど、30代の頃とほぼ何も変わってないじゃないか。相変わらずハイエースで全国を回って、ライブをやって、その合間に新曲を作って、CD出して……。

体力が落ちて、体調への心配が増えた分、不安や焦りも少なくなるどころか、当時より増している始末だ。

いや、わかっている。そんなことはわかっているし、恥ずかしさも重々承知の上で、やっぱり書いてみることにした。

あの頃、僕達が無我夢中の日々の中でつかんだもののこと、そしてそこからこぼれ落ちたもののこと。

ブー!!

頭の上から古めかしい電子音が降ってきて、脳天を直撃する。全身がびくっと反応して、ゆっくりと体を起こす。ベッドに備え付けられた今どき珍しいデジタル表示の時計のアラームを消す。レトロといえば聞こえはいいが、ただの古めかしい安ホテル。壁は木目調で、色褪せてしまって、何が描いてあるのかさっぱりわからない絵画が一枚、退屈そうにへばりついている。

ああ、今日もまた寝覚めが悪い。特にこの日は悪かった。昨晩フロントで借りた加湿器がスチーム式のタイプだったから、どうやら効き過ぎたみたいだ。

真冬なのに部屋中湿気だらけで、空気が異常に重たい。おまけに体中汗だくで、寝間着がびしょびしょになっている。

とりあえず「ヒュー、ヒュー」。喉を少しだけ絞って、裏声を出す。ツアー中、朝起きて最初にやることがこれである。裏声がちゃんと出れば、喉の調子は正常。だが、かすれていたり、全く出ない時は大変である。ツアー中、声の調子が悪いことほどキツいことはない。お先真っ暗。どこか遠くの町まで逃げ出したくなる。風邪なんてひいた日には、死にたくなる。あまりに調子が悪いと、リハーサル前に現地の耳鼻科に飛び込むこともある。お酒も呑まないし、打ち上げもほとんど参加しないのに「ヒュー、ヒュー」がかすれて出ないなんて、あんまりじゃないか！

心でお祈りしながら確認する。

「神様、お願いします」

「ヒュー、ヒュー」

出ている。この日は、なんとか大丈夫そうだ。

洗面所へ行き、湯船にお湯をためながら歯を磨く。うがい薬で念入りにうがいをする。そして冷蔵庫の中から、昨晩入れておいた助六寿司を出して食べ始める。助六を食べながらその日のライブの曲順を確認し、ＭＣで何を話そうか、ぼんやり考える。そうこうしているうちに風呂のお湯がたまった。入浴剤を入れてから湯船に浸かって眠気を吹き飛ばす。お湯の温度は少し熱めの44度。長湯は苦手なので、軽く入ってから頭と体を洗う。風呂から上がると、ドライヤーで髪の毛を乾かしながら、ムースで軽くセットする。部屋中湿気だらけなので、ボリュームが全く出ない。年々頼りなくなっていく前髪をかき上げながら、もうあと10年遅く生まれてきていたらいいハゲ薬ができてるだろうから、今頃フサフサで髪型も自由自在だし、パーマもかけ放題だし、こんな苦労しなくて済んだのになぁ、とひとり言。

鏡に映った自分の頭を見るとため息が出てきた。そして、神様と科学者に心の中でお願いをした。さらに科学者には少し強めに「急げ！」と念を押した。

軽くストレッチをした後、腕立て、腹筋を無理のない程度にこなす。脱ぎ散らかしたTシャツや下着をたたんでいるとちょうど集合時間になる。その日も起きてから部屋を出るまでかっきり2時間だ。

部屋を出てロビーに降りると、他のメンバーはもう全員集合していた。蚊の鳴くような小さな声で、

「ウィース」

と誰にも目を合わさないでつぶやく。

子どもの頃から挨拶が苦手だった。元々寝起きが悪いし、ライブ前だから緊張もしている。そんな時に明るく元気に「おはよう」なんて言えるわけがない。

そもそも「おはよう」って挨拶、必要なのか？　昨晩、12時間前まで普通に会って話をしていたのに、たった一晩寝ただけでまた挨拶しなきゃいけないのか？　「おはよう」って言葉はどこか強制リセット的な圧力を感じる。ゆっくりと羽を伸ばして休みたい日に「おはよう」って言われると、今日も一日思いきり働かなあきまへんで！と言われているようで、一気に羽が折れる。一日の始まりの挨拶？　イヤイヤ人生なんてオギャアと生まれた時からすでに始まっているのだ。そして終わりは死ぬ時。

「おはよう」が始まりの挨拶だとするのなら、毎日寝る時に死んでいることになる。そんなわけはない。人間の脳みそは寝ている間にも活発に動いている。決して死んでなんかいないのだ。

　だからたった一晩寝ただけでリセットされるなんておかしいし、付き合いの長い仲間の関係が、たかが12時間離れただけでまた振り出しに戻るなんて寂し過ぎる。もし、振り出しに戻ってないなら、挨拶する必要なんてないじゃないか。例えばだけど、移動中サービスエリアに寄ってトイレから帰ってきた時「こんにちは」なんて挨拶をされたらどんな気持ちになる？　寂しいなんて気持ちより「こいつ大丈夫か？」と思うだろう。いや、もしかしたら、俺がトイレに行っている間に、長年の付き合いの中で生まれた俺の嫌なところが急に気になりだして我慢できなくなってしまったのかもしれない。だからあえて「こんにちは」なんて他人にする挨拶をして「今後あんたとは距離を置いてお付き合いさせて頂きますさかいに、よろしゅうお願いします」と京都弁で意思表示をしているのかもしれない。だとしたら、俺はどう返事をしたらいいのだ？　「こちらこそ、よろしゅうお願いします」とはんなり返せばいいのか？　それとも「俺とあんたの関係はこんなもんやったんか！」と叫びながら胸ぐらをつかんでグラグラと揺さぶればいいのか？

　ああ！　どっちだ！

なんて妄想が光速で頭の中を駆け巡る。いかん、こんなことばかり考えていたら、今日のライブはおろか、人間自体をキャンセルしないといけなくなってしまう。慌てて首を振り、深呼吸をする。大丈夫だ。メンバーは誰一人気付いていない。

メンバー4人と、ローディーの木村至＝通称「Q太郎」とPAの片山さん、合計6人でハイエースに乗り込む。

ライブ会場に着くと、すぐにみんなで搬入作業だ。が、会場について愕然とした。そうだった。このライブハウスはエレベーターがなく、3階まで階段で機材を運び上げないといけないところだった。

「腰が痛えー！」

「地獄！」

「早くエレベーター作ってくれー」

各自心の叫びをまるごと口に出しながら、少しずつ機材を上げていく。ライブハウスのスタッフの人達も総出で手伝ってくれる。非常にありがたい。体の小さい女子スタッフも頑張っている姿を見ると、俺もいいところを見せなければと思い、ちょっと無理をして重たいものを持とうとしたが、2階まで上って息切れ。ライブハウスの若い男性スタッフに助けてもらった。情けない限りだが、僕は体が小さいので仕方がない。それに一番の仕事はいい歌、そしていいパフォーマンスをすることだから、こういう時は少々甘えてもいい。いやむしろ甘えるべきだ！と都合のいい言い訳を頭のなかでつぶやきながら、小さい物を順番に上げていく。

搬入が終わったら早速セッティング、Ｑ太郎がステージ上にアンプの位置を決めて、ドラムセットを組んでいく。そこに片山さんがアンプやドラムセットのひとつひとつにマイクをセッティングしていく。

その間、ギターの竹安は弦を変え、リーダーは物販の準備を始める。ドラムのミスター小西はセッティングを手伝う。

僕は片山さんとライブハウスの照明さん用のセットリストと、メンバー分のセットリストを書く。この頃は大まかなたたき台だけ作っていて、あとは当日に曲順を決めることが多かった。

喉の調子が悪い時は、キーが高い曲を外したりと、その日の喉のコンディションによって変えることもしばしばあったし、気分によって曲を変えることもあった。この日はキーの高い曲も外さず、少し攻めたセットリストでいくことにした。

セッティングをしている間、ムードメーカーのＱ太郎を中心に、ゆうべサービスエリアで食べた晩ごはんの唐揚げの油の話をして盛り上がっていた。

セッティングが終わればリハーサル、Ｑ太郎がそれぞれの楽器の単音チェックをしてから、全体の音出しとなる。ボーカリストである僕の場合、リハーサルで調子がいいとつい気持ち良くなって歌い過ぎて、本番の時に声の調子が悪いという本末転倒なことがあるので、リハーサルはほどほどで切り上げるようにしている。この日はツアー中で、やり慣れた曲も多かったから、久しぶりにやる曲だけやって早めに切り上げた。

　本番まであと1時間半。リーダーと竹安はツアー中は少しの時間でも名所見物や地元名産の食べ物を食べに出かけることが多く、この日もふらっと出て行った。きっと、じゃじゃ麺でも食べに行ったのだろう。

　僕とミスターは楽屋からほぼ出ない。出たとしてもコンビニに行くぐらいで、あとは本番まで楽屋に缶詰になる。

　僕はなんちゃってヨガのストレッチをしたり、セットリストを見ながら何を話そうか考えたり、何回もトイレに行ったりする。ミスターは煙草を吸ったり、ドラムスティックをいじったり、Q太郎や片山さんと話をしたりしている。本番1時間前になって、リーダーと竹安も楽屋に戻ってきた。

　僕はもうルーティーンが決まっていて、1時間前になるとまずステージ衣装に着替え、コンビニの梅おにぎりを3分の1だけかじる。ステージ衣装に体をなじませながら、粉末のアミノバイタルとタウリン3000の栄養ドリンクを飲む。そして、引き続きなんちゃってヨガをしたり、発声練習をしたり、何を話そうか考えたりするのだ。

竹安もミスターもステージ衣装に着替えるのは割と早い。

竹安はひたすらギターを触り、ミスターはスティック。そして、リーダーは本番10分前まで着替えない。ゆったりと椅子に座って、スポーツ新聞を読んだり、お菓子を食べたりしている。予定帳を見ながらライブのブッキングの電話をしている時もあるが、基本的に普段とテンションは変わらない。

その点、僕は緊張しまくっているので椅子に座っていられない。落ち着かないのだ。

一体今まで何回ライブをやってるんだろうか？

なぜこんなに慣れないんだろう？　なぜこんなに毎回緊張するんだろう？

正直ライブ前の1時間ほど嫌な時間はない。

これから始まるライブへの不安が、イースト菌のように胃の中で膨らんで、毎回ゲロを吐きそうになる。実際、本番前に吐いたこともある。

本番で声が出なかったらどうしよう？　歌詞が飛んだら？　うまくMCで話せなかったら？　トイレに行きたくなったら？

誰の心にも響かなかったら？　途中で全員出て行ってしまったら？

不安しかない。客席にはファンしかいないのにだ。

いや、ファンだからこそ、不安になる。裏切れないからだ。

ツアーでたくさんライブをやっていると、ごくたまに体に染み付いた慣れだけでなんとなく流してしまっている自分に気付く瞬間がある。そんな時はすぐに気持ちを入れ直すのだが、そういうなんとなく流している、もしくはこなしているということこそ、一番の裏切りだ。間違えてしまったり、声が出なくなってしまうことよりもよっぽどひどい。

　万が一、間違えたとしても、声の調子が万全ではなかったとしても、それを上回る気持ちが伝わってくればそんなことは全く気にならない。それは自分がお客さんとしてライブを観ていた時に思ったことだ。お客さんとしてライブを観ている時、一番残念に感じる瞬間は、やり手がこなしているということに気付いた瞬間である。だから自分はそうならないようにしようと、常に自分に言い聞かせている。

　もし、ライブ前に「ライブが楽しいか？」と聞かれたら即答するだろう。

「毎回、ゲロ吐きそうになってんのに、楽しいわけねーだろ！」

　日々考えていること、今まで背負ってきたものを、わざわざお金と時間を割いてまで来てくれた人達の前で吐露し、パフォーマンスをするのだ。それを楽しいと思えるほど僕は成熟していないし、大人ではない。だから、毎回ただただうろたえ、オロオロするばかりだ。

　とはいえ、ひとたびライブが始まってしまえば緊張も吹き飛ぶし、夢中になって楽しもうとする。そして全力で楽しませようとする。

それがうまくできたと思う日もあれば、思えない日もある。

気持ちが届いたと感じる日もあれば、誰にも届かず地ベタに落ちていったと感じる日もある。

それは何年やっても変わらない。そりゃ、何年もやっているから経験値が上がった分、前よりコツみたいなものはつかめたような気はする。

でも、コツなんかつかめたっていいライブができるわけじゃない。

ただ、あっさりと風のように過ぎ去っていって、後に何も残らないライブなんか、いくらやったってなんの意味もない。

そんなライブより、たとえドタバタしても、少々荒っぽくても、心の深いところからマグマのようなものが湧き上がってくるようなライブをしたい。

それは全身全霊で伝えようとしないと、決して届かない。

そして全身全霊でやったからといって伝わるかといったら、そんな甘いもんでもないのだ。ただめちゃくちゃやればいいんじゃない。絶叫すればいいってもんでもない。むしろ静かに、つぶやくように演奏をした方が届く場合だってある。そこがライブの難しいところでもあり、面白いところでもある。どんなにリハーサルをしても、どんなにシミュレーションしても、生のお客さんの前では全く役に立たないということが、多々あり得るから。

そしてほんのたまに、びっくりするような至福の瞬間に出会うことがある。

それは言葉にするのはとても難しいんだけど、単純に盛り上がったとか、みんなが合唱したとか、そういうことではない。なんと言ったらいいのか、ライブ会場全体がひとつの大きな肉体になって、僕らとお客さんの血管が全て繋がり、その中を歌という真っ赤な血が猛烈な勢いで流れ出し、何回も何回も巡り続ける。みたいなことなんだけど、ちょっとわかりにくいか。


時間が来た。

「始めちゃって大丈夫です？」

Ｑ太郎が聞く。

「大丈夫！」

とメンバー全員で答えて、舞台袖まで行く。

いつものようにＳＥが鳴り出す。ＳＥの中に入っているニワトリの鳴き声が体を強ばらせたり、緩めたり、揺さぶりをかけてくる。

「この会場、めちゃくちゃ暑いんだよなー」

「酸欠になるんじゃなかったっけ？」

緊張をほぐす軽い会話をしながらゆっくりと舞台に上がった。

ムッとした熱気と汗と埃とお酒が混ざったような匂いが鼻腔を直撃する。そしてお客さん達と目が合う。みんないい表情だ。

歓声なのか野次なのか、熱を持った声の塊が舞台めがけて飛んでくる。

うん。今日は行けそうだ！

一人一人メンバーの目を見てから真っ直ぐに前を見る。よし始めよう。


「どうも、フラワーカンパニーズです！」

一斉に爆音が鳴り響く。


汗というより汁といった方がしっくりくるような液体が、体中から溢れ出して、肌とシャツや下着やズボンとの境目がわからなくなるぐらいに密着させている。

サーファーが着ているオットセイみたいな黒いやつってこんな感じなのかな？　と思いながら、一階下の楽屋まで降りる。

「あー、あぢー！」

「ビール、ビール！」

「やっぱり酸素薄いわ。死ぬかと思った」

そんな言葉が、真ん中にだるまストーブが置かれた楽屋の中で飛び交う。

「あの曲ちょっと速過ぎんかった？」

「あそこ、ごめん！　完全にきっかけ忘れとった」

「湿気でチューニングが全然合わんかった」

　こういう会話がライブ後に交わされる日は手応えがあったライブの日だ。手応えが全くなかった日は誰も口を開こうとしない。ただ沈黙だけが、6月の雲のように重たくずっしりと肩にのしかかる。

　今日は何かつかめたぞ。確かに感じた。歌も演奏も真っ赤な血になっていた！　口には出さないが、心の中で一人噛みしめながら、びしょ濡れのシャツを脱いだ。シャツからパンツ、靴下まで、絞ったら池ができるぐらい汁で濡れている。全身着替えてから、ドライヤーで髪を乾かし、その流れのまま、スニーカーの中もドライヤーで乾かす。乾かしながら、ドライヤーを発明した人ってすごいなと感心する。

　しばらくしてからリーダーは物販ブースに行き、他の3人は機材を片付けに回った。物販と機材を車に積み終えた後、ライブハウスのスタッフの人達に挨拶をし、Q太郎、片山さんを含めた男6人は車に乗り込む。また次の街へ移動だ。この時期は夜走りすることが多かった。

　真っ暗な車の窓から、後ろへ流れてゆく光の粒を見ながら、さっき舞台から見た光景を思い返す。嬉しそうに笑いながら手を振り上げる八重歯の女の子、ビールの缶を片手に持ってゆらゆらと体を揺らす若い男子、大きな目を開いて食い入るようにじっと見つめてくるお姉さん、ずっと下を向いたまま泣いていた女子高生、大声で歌っている僕らと同い歳ぐらいの男性……。

今日来てくれた人達は、果たして楽しんでくれただろうか？

来てよかったと思ってくれただろうか？

明日からの生活に少しでもエネルギーを与えることができただろうか？

そして、自分で自分にそっと尋ねる。

「歌って一体なんだろう？　歌を歌うってどういうことだろう？」

「うーん、なんだろうな。それは人はなんで生きるんだろう？とか何のために生まれてきたんだろう？とか、そういう漠然とした疑問と同じで、言葉にした途端急に遠くの方へ逃げて行くもんじゃないのかな？」

「要するにわからないということ？」

「うん。でもわからないから歌うんじゃないの？　そしてわからないからこそ生きるんじゃない？」

「ふーん、そうか。とりあえずよくわからない、ということだけはわかったような気がする」

「それでいいんじゃない？」

「じゃ、ライブってなんだろう？」

「なんだろうね。正直曲を聴くだけだったら家でCDを聴いていればいいもんね」

「でしょう？　忙しい中、決して安くないチケットを買って、お世辞にもきれいとは言えない（失礼！）ライブハウスにわざわざ足を運んで来てくれる人達に対して、一体何ができるんだろう？」

「月並みな言い方になっちゃうけど、まずは素直に楽しんでもらえたらいいんじゃないか。そしてライブ中、ほんの一瞬でいいから、今、生きていることを実感してもらえたらいいな。というか、一緒に実感したいよね。過去でも未来でもなく、現在進行形の今を、頭じゃなくて、全身で感じることができたら最高だなぁ」

「そんなことできる？　今、なんてあっという間に過去になるんだよ？」

「本当に至福の瞬間って、過去にならないんじゃないかと思うんだよね」

「なんだ、それ？」

「絶対的に至福を感じた時って、過去に流れていかずに、現在進行形のまま止まると思う」

「？？？」

「という願望かな。過去も未来も本当は引き剥がすことなんてできないんだけど、ライブの瞬間だけはあり得るかもしれないって思いたいじゃんか」

「あ、なんだ、願望か」

「でも、今っていう瞬間を全身で浴びることができるのって、ライブを観てる瞬間ぐらいしかないかもしれないよ」

なんて会話を頭の中で交わしながら、暗闇の中にポツポツと光る街の灯りを見ていた。なんか星みたいだな、と思った矢先、不意に前の座席から大きな声。

「もう着きまーす！」

いつの間にか次の街へ着いていてしまっていた。

後部ドアを開けて、重いボストンバッグを降ろし、右肩に担ぎながらホテルに入り、フラフラとエレベーターの方へ向かう。あ、大事なことを聞き忘れていた。

「明日の集合時間って何時だっけ？」

生きててよかった

・青春ごっこは過ぎて　憧れ（？）ははるか向こう
ヘッドライトの光は　手前しか照らさない
のんべんだらりの夢に　のんべんだらりの果て
お酒を無理矢理飲んだら　明日が遠のいた
わかろうとしたって　すべてを消化してるわけじゃない

・壊れたいわけじゃないし　壊したいものもない
一人で白旗あげて　ハレオンで朝日待つ
死ぬ気で生きてないから　こんなにも死ねない
脳みそを漂流したって　明日へは届かない
心の中 脳みその中の漂流者　明日はどこにある

◎生きててよかった　そう言ってみたかった　どこにいた

・年をとればとるだけ　賢くなれるなら
年をとればとるだけ　磨く場所はどこ？
十代に感じたあれは　特別なもんじゃなく　もう
心のどこかで今も　朝を待っている

◎生きててよかった　そう言ってみたかった

・わからない事をわからないと　子供なら聞くだろう
わからない事をわかった事にして　大人は過ごすだろう
無邪気な心は決まって　残酷すぎるから
感じないふりをしてたら　もう何もなくなった

◎おーい　お前は誰だ　こんなとこで何してる
感じ方を忘れて

☆何だよー何言ってる　こんなにでも立ちはする
一人でホッとする
笑いたいのか　笑わせたいのか　笑われてたいのか
ロックじゃなくてもいいよ　愛して愛されていたい
いこうぜ　いこうぜ　もっと眺めのいいとこ
いこうぜ　いこうぜ　もっと深く感じるとこ
そんなもんどうでもいいから　深くないところ

何もかも捨てても生きる
十代に感じたものは
年をとっても忘れない
心のどこかで今も
照らされた
頭の中で旅をする
明日はわからない
全てはいつか終わる
死ぬ気で
生きたことないから
生きてた
磨く場所はどこにある
十代はいつか終わる
生きていれば
いくつになっても
こんなのロックじゃねーよ
ロックじゃなくてもいいよ
感じてるよ
感じたい感じたい
感じたい君のこと
自分のこと

若かった頃の僕は 悲観的なニヒリスト いこうぜ ずっとずっと遠くまで 感じたい ふるえる体で

若かった頃の僕は いこうぜ ずっとずっと 遠くまで 感じたい

青春ってのを

青春ってのが過ぎた はるか向こう

ヘルドライバーの犬は 年寄りか [illegible]

ちっとも変わらないのか それとも変わっちゃったんか すっかり変わっちゃったんか

心の中の漂流者 明日はどこにある

青春ってのを今も 続けながら歩いてる

すっかり変わりはててるのか それとも変わらないのか

壊れないわけじゃないし 壊したいものもあり

だからといって全てに 満足してるわけじゃない わけでもない 頭の中は これこれ はっきりとしてる事は

死ぬ気で生きるつもりでも まだ一回も死んでない

なんだかんだほざいても 体はあったかい 体だけは

なんでもかんでもならべても 手を握ればあったかい

なんだかんだとほざいても 胸に触ってみたらあったかい 体はいつもあたたかい

年をとったらとるだけ 増えていくものは何

年をとったらとるだけ 磨くべき場所ばかりに

十代に感じたものは 年をとっても忘れない 年取ったら どこへいく

心のどっかで今も 輝いている いくつになったって 朝を待ってるの

30年後の自分達 朝を待っているか

僕が今までやってきた たくさんのひどい事

僕が今まで言ってきた たくさんのひどい言葉

忘れてしまった事に 忘れられない出来事 忘れられない事 忘れちゃいけない事

ふり返らずに忘れ そんな言葉はないだろう

忘れなんて 簡単なもんじゃない 許しじゃいられない

そんな言葉じゃ [illegible]

若かった頃の僕は まるでいいこじゃ 悲観的なニヒリスト

若かった頃の [illegible] 笑ってないのか 笑わせないのか 笑われてないのか

生きている事の意味すら 今だにわからないけど

いこうぜ いこうぜ もっと眺めのいいとこへ 生きている事の理由はまだわからん

もっと面白いところ 面白い事もあるから

信じていこうぜ

感じようぜ 感じようぜ もっともっとはるかむこう 遠く どこまでも

感じたいぜ もっともっと君のそばで

いこうぜ ずっと感じていこうぜ

真暗な道を走る ワクワクしてる

上手くはなくて すっころんでる

、青春ごっこを今も 続けながら旅をしてる

ヘッドライトの光は 手前しか照らさない

変わってしまったようで まるで変わってはいない

心の中の漂流者 明日はどこへ行こう

変わりたいわけじゃないけど 変わりたくないわけでもない

ぼんやり空を見上げたら 明日が遠のいた

、壊れたいわけじゃないし 壊したいものもない

だからといって全てに 満足はしていない

全てが うまくいってるわけじゃない

死ぬ気で生きるよりも 死なない気で生きてみたい

答えはいらない

明日が見えなくなったら 生まれた意味を考える

心の中の哲学者 明日が

明日が見えなくなったら 同じ景色をくり返す 何かをくり返す

ではいない

明日が見えなくても

生きててよかった 不安になる時まで 不安になってみる

ではある

不安に負けちゃうかもしれない

、年をとったらとるだけ 増えていくものはなんだ

そんな夜を感じる時のため

年をとったらとるだけ 磨くべき場所はどこ

そんな夜を待ってる

20代に残したあれは 特別なもんじゃなくとも

20代に残したあれは 年をとってもこれからも

かっこつけてきたって 朝を待っているだろう

30年後の自分よ 朝を待ってるか

②

あの時のあの願いは

、僕が今までやってきた たくさんのひどい事

そんな夜を探してる

僕が今まで言ってきた たくさんのひどい言葉

そんな夜を待ってる

忘れられない出来事に 忘れてはいけない事

待ってる

ふり返らずに走れ そんな言葉は忘れない

そんな夜をもう一度

は信じない

そんな夜はいつでもある

③

残さず持ってくよ

全速力で走る

忘れず持ってくよ

全開の声で走る

年をとっても終わらない

苦しいこともあるし 不安もあるから

心の中の哲学者 明日

何のためにはしってる

コラム

海の男の巻

俺、つくづく海が似合わねーなぁ……というのも先日、2年ぶりに奄美大島でライブをした。行けばもちろん海に入りたくなる。奄美だから。9月だし、まだ全然入れる。あいにく空は曇りで雨も少し降っていたが関係ない。何しろ奄美だ。

海パン一丁で、おそるおそる水に浸かると、水は少々冷たいものの最高の気分だ。だが写真に撮ってもらった姿を見て愕然とした。全く似合ってないのだ。海に、というより大自然に見事に溶け込んでない。浮いている。言っておくがカメラマンの腕は問題ない。他のメンバーは普通に写っているから。俺だけなんか変。なんでだ？　やはり色白が原因？　この夏も陽に当たってねーもんなぁ。日焼けしてもすぐ皮がめくれて前より白くなっちゃうし。そういえば海が似合う男に色白の奴っていないよなぁ。猫背も原因か？　海に猫背は似合わない。犬と海は合うけど猫と海はないなぁ。海の男は絶対に胸張ってるし。猫背って自然そのものに卑屈になってる感じがするもんなぁ。なで肩も原因か？　なで肩ってだけで人生に負けてるしな。完全に頼りない。即、沖に流されそう。色白、猫背、なで肩。ダメだこりゃ。海が似合うわけない。そもそもこの3つが似合う場所なんてあるのか？　少なくともアウトドアではないことは確かだ。

根っからのインドア派。元卓球部。ナチュラル・ボーン・文化系。もやし、青瓢箪、それが俺……わかってはいたがしばらく忘れてたことだ。この夏、それを思い知った。もうひとつある。先日、大阪のフェス（音泉魂）の模様を映像に残そうとカメラ4台を回した。その映像チェックをしていて思いっきりめげた。俺だけ野外が全く似合ってない。陽射しが眩しいのか目がはっきり開けられず、30分ずっとショボショボの目。ロックは眼力が命なのに。眼力どころか、そもそも目が開いてない。そこにいたのは声だけでかいチビの布施博。大きいステージも使い切れてない。ただでさえ小さい男がより小さく見える。着ているアロハがより悲しさを誘う……自分のスケールの小ささを再確認した。

あぁ、俺に似合う場所って一体どこ？　こたつ？　曇り空？　ブックオフ？　病院？　ロックじゃねーなぁ……。

（2008年10月）

バイオレンスの巻

職務質問（通称、職質）を受けたことがない。今まで一度も。なぜだ？　周りのバンド仲間（フラカンメンバー含む）は大抵、みんな一回は受けている。一回どころかリーダーはしょっちゅう受けているらしい。ただ歩いているだけなのにお巡りさんに呼び止められて、質問されたり、ボディチェックされたり、鞄の中身を見せてくれとまで言われるというのだ。

俺はない……自転車に乗っていて防犯登録されているか確認されたりすることはあるが、職質は一度もない……なぜだ？　小さ過ぎて見えないのか？　人間がセコ過ぎるからか？　前髪が短か過ぎるからか？　そもそも職質ってなんだ？　治安維持のために危なそうな奴を捕まえるため？　非合法な薬とか爆弾、ナイフ、銃とか持っていないか確かめるため？　バンドマンは大体普通じゃない格好や顔をしているからみんな職質を受けるの？　だとしたらそれはバンドマンにとって恥でもなんでもなく勲章だ。ロックバンドたるもの危険な匂いのひとつもなければ魅力がない。昔からロックの魅力のひとつには必ずバイオレンスがある。

永ちゃんもショーケンも裕也さんも安岡力也も長渕剛もグレートマエカワ（少し意味は違うが……）もバイオレンスの匂いがする。

職質を一度も受けたことがない俺にはバイオレンスの匂いが全くないということなの？　確かに取っ組み合いのケンカは小学5年以来やってないし、非合法ドラッグはもちろん、酒も煙草もギャンブルも一切やらない。万引きもしたことない。せいぜいが立ちション止まり。でも心の奥底ではギラギラとバイオレンスの灯は燃えている。……消えかけか？

治安のためなら、そういうところを見抜くのがプロってもんじゃないのか？　それとも何か？　俺は自転車泥棒みたいなセコいことをやりそうな奴にしか見えないのか？　確かに俺はパッと見、ギラギラしていない。眼力ない上にタレ目でショボショボしている。しかも普段はビン底の眼鏡。完全に負け顔。社長とか大犯罪者の顔じゃない。超ウルトラ・スーパー地味。でも19年もバンドやってんだぜ俺！　しかもボーカルなんだぜ！　ライブハウスに出入りしてるんだぜ！　一回ぐらい職質しろよ！　見抜けよ！　俺のバイオレンス！　自転車も盗ったことないけど……。


（2008年11月）

コラム

いらないものの巻

あれ、いりますか？　プリンのカップの底にたまってる茶色いやつ。カラメルっつうの？　あれ、本当に好きな人っています？　あれを楽しみにしてプリンを食べてるなんて人、聞いたことないんですけど（もちろん見たこともない）。自分に関して言えば、あれが出てくると毎回ガッカリします。プリンは大好きですが、好きなのはプリンの黄色くてトロッとしてて、ほんのり卵の香りのする上の部分のことで、後半カラメルと混ざったところは好きではありません。甘過ぎないですか？　あれ。しかも少し苦い上に味が濃すぎる。ほんのり卵も、全部あの甘ったるくて苦くて茶色い土砂みたいなやつに巻き込まれて、最終的に甘ったるさだけが口の中に残る。限りなく暴力的。まるでアメリカ。白黒はっきり意見を言えない奴はクズだと主張するアメリカ文化。グレーを認めないアメリカ文化。水墨画なんかわかりっこないアメリカ文化。

もちろんアメリカ文化は僕も大好き。散々かぶれてきました。映画、音楽、ファッション、etc.でもプリンのあれだけは許せん（プリンがアメリカ生まれかどうかは知らんが）！　あれは絶対プリンに必要ない！　プリンはあれなしで成立する！　むしろない方がプリンらしいじゃないか！　大体、あれ茶色じゃん。茶色が入ってるのにプリンって名前はないね、絶対。プリンっていうぐらいだから白っぽくないとダメ。断固主張する。プリンのあれはいらない！

　ついでに乗っかると、世の中いらないものが多過ぎると思いません？　ピザの上のパイナップルとか、カレーライスのリンゴとか、カルーアミルクのカルーアとか、ラーメンのもやしとか、サラダの上のパセリとか、パフェに乗ってるさくらんぼとか、ゴレンジャーのミドレンジャーとか、たのきんトリオのよっちゃんとか、シブがき隊のふっくんとか、レッツゴー三匹の長作とか、フラカンの圭介とか……いや、それはないやろー？　……でもプリンのあれだけは……絶対許せん！

（２００９年３月）

それから10年後……

本についてるヒモ（邪魔）、ＣＤやレコードや本の帯（すぐめくれちゃう）、ギターのトーンのつまみ（どうせみんなフルテンにする）、新しい服に付いているボタンの予備（なくすに決まってる）、扇風機の強のボタン（使う人いる？）、ウォシュレットの強のボタン（使う人いる？）、パーカーのフードについているヒモ（縮めたらみんなネズミ小僧になる）、トランクスのボタン（いちいちハメてたら漏らす）、昨夜見た夢の話（どういう返し方が正解なの？）もいらないと思いませんか？（僕だけ？）

血液型診断の巻

ここ最近のB型の扱いって、ちょっとひどくないですか？　B型って言った途端、急に変態を見るみたいな目で見られちゃったりなんかする。なんだよ、この風潮？　昔はそんなことなかったぞ。昔はAB型がオチだったろ？　いつからだよ、B型がオチになっちゃったのは？　やれ飽きっぽいとか、自己中心的とか、ナルシストとか、他人の話を聞かないとか、悪いことばっかりだ。まるでB型の奴は芸術家になるしかないみたいな扱いじゃないか。俺はたまたま音楽やってるからまだいいけど、普通のサラリーマンでB型の人は絶対、苦労してるぞ。合コンなんかしても、B型って言った途端に引かれちゃったりしてるんだろ？

ふざけんなバカ！　確かに俺は飽き性で、凝り性で、冷え性で、高所恐怖症で、不眠症で、対人恐怖症で、自律神経失調症だ。でもそれとB型は関係ないだろ？

A型の奴だって飽き性の奴いるだろ？　O型の奴で凝り性だっているだ

ろ？　ＡＢ型の奴で冷え性だっているだろ？（Ｂ型が冷え性とは、誰も言ってないか！）。

そもそも日本だけなんだろ？　血液型と性格を結び付けて喜んでる人種は。医学的にも全く立証されてないはずなのに、未だに本屋に行くと血液型の本が山積みだ。どうなってんだよ、これ！

大体、Ｂ型もＢ型だ。Ｂ型ってことで迫害されて逆に喜んでるふしがある。Ｂ型ってだけで自己中なとこを開き直ったり、芸術家を気取ったり。あほか？　血液型で芸術家になれるんだったら、今頃、俺なんか大金持ちだよ。「俺、Ｂ型だからさー」とか言いながら自己中な振る舞いを少々しても許されるだろうなんて浅ましい考えは、酒呑んでセクハラしといて「記憶にないんだよねー」とか言ってる脂ぎったおっさんと一緒だよ。

もういいよ。血液型診断は。いい加減、馬鹿馬鹿しくなってきた。相性に血液型は全く関係ない！　やめようぜ！

ってなんか暑苦しいね。何を吠えてんだろ？　大体、血液型なんか関係ないとか散々言っておきながら、僕が今まで付き合ってきた女の人、全員Ｏ型。これって、ただの偶然ですよね？

（２００９年７月）

どん兵衛の巻

おい、こら日清！　一体どういうことだ！　勝手に変えやがったな！
「どん兵衛」だよ！　なんの断りもなく、突然変えただろ！

何、ぶっといだ？　長いだ？　つるつるのどごし？　そんなもの誰が「どん兵衛」に望んでる？　大間違いだ日清！　そんなものは今の「どん兵衛」に誰も望まない！　確かにうまいさ。それは素直に認める。だが、前のよりうまいかと言ったら、それは確実にＮＯだ！　俺は前の「どん兵衛」の方が１００万倍好きだ！　麺が粉っぽくて、四角くて、もっちりしてて、断然うまい。そもそも、今回のチェンジは、インスタントうどんを限りなく生うどんに近付けようとしたとしか思えない。完全に血迷ってるぞ、日清！　誰が「どん兵衛」に生うどんを求める？　そういうのは「ラ王」で十分、懲りたはずじゃないのか？　インスタントカップ麺には、生うどんやラーメン屋さんにはない、ちゃんとした味がすでに確立されていて、それのファンも数多くいる（もちろん俺もその一人）。ラーメンに至っては、おいしいと評判のラーメン屋さんのラーメンより、インスタントラーメンの方が全然好きなんだ。そういうチープなファンが全国に何万人いると思ってるんだ！　日清よ、進歩という名のもとに大事なことを見失っては困る！　今回のチェンジは決して進歩なんかじゃない。ただ進歩した気になっているだけの自己満足だ。顧客のニーズをまるっきり無視した裏切り行為だ。裏切られたのはこれで2回目だぞ！　1回目は日清パワーステーションをつぶした時。あのライブハウス、大好きだったのに……。革新もいいが、守っていかなきゃいけないポイントもある。今回は明らかに、そのポイントがずれてる！

今ならまだ間に合う。元のタイプに戻して欲しい。それか、在庫として残った前のタイプを個人的に売ってくれ！　有り金、全部はたく！　このままだと、こっちも、もう「赤いきつね」に転向するしかなくなっちゃうぞ。あっちには鉄矢もいるんだからな！　頼むぞ、日清！

（2009年12月）

便所ノックの巻

公衆便所の個室に入っている時、ごくたまにノックされることがあるが、あれは一体どういう意味なんだろう？　もちろん鍵を閉めているマーク（赤色マーク）がちゃんと出ている便所である。

人が中に入っていることはわかっているので「入ってますか？」の確認は必要ないはず。赤いマークを見落とした？　いや、そんなあわてんぼさんが、ノックなんかするわけがない。あわてんぼさんは、中にいるのか確認する前に勢いよく扉を開こうとする。その勢いで運悪く鍵が開いてしまい、踏ん張ってる人と目が合ってしまうというお互いに苦笑いしかできない状態になる。じゃ、なんだ？　簡単である。「早く出ろ！」の合図だ。もっと詳しく言うなら、

「おい！　いつまで長グソ垂れてるつもりだ！」

「頼む！　一秒でも早く出て！　もう、半分顔出しちゃってるよ！」

である。しかし、こっちの事情もよく知らずにノックされても困るのだ。

こっちがもう山を通り越した状態だったら、すぐにでも尻を拭いて出てあげるところだが、まだ入ったばっかりだったらどうだ？　しかも近年まれに見る水便だったら？

確実に無理である。そんな時、自分がどれぐらいの危機的状況なのかをノックで表して欲しい。危険度数ＭＡＸだからといって、力任せにガンガンノックをされては、ケンカを売られてるようでいい感じはしない。それどころか、わざとじらしたくもなる。かといって本当はのっぴきならない状態のくせに、涼しげなノックをされたら、こっちも余裕で踏ん張り直すだろう。相手に不快感を与えず、お互い気持ちよく譲り合って、ことを終えるにはどうしたらいい？　ここはやっぱり常識を設定するしかない。

例えば、エスカレーターで早く行きたい人は、右側に行くような（大阪だと左側）常識を、便所ノックに対しても作る。俺が。今から勝手に。よし、決めた！　数でいく！　５回ノックがもう最大にヤバい状態！　つまり１ノックだったら、もう１回踏ん張ってもなんとか大丈夫なレベル！　今日からそういう常識になった！　５ノックだったら中の人もすみやかに出ること！

（２０１０年３月）

SA-YOUの巻

41歳になってしまった。ついこないだのことである。この歳になったら誰もが口にするだろうが、バカボンのパパと同い歳。しかも春。41歳の春、そのまんま。特別な愛で震わせて欲しいし、冷たい目で見ないで欲しいのだ。さて、バカボンのパパといえば、ハチマキ、鼻毛、腹巻き。ハチマキ、鼻毛はさすがに出さないが、腹巻きはついに使い出してしまった。男の冷え性って最近増えてるらしいが、俺、そのうちの一人。正直、年がら年中、ほぼピーピー、万年ろくなもんじゃねぇ状態。便秘なんて、もう20年ぐらいしてないんじゃ……？　カレーなんて、ただ入り口から出口まで通過してるだけなんじゃないだろうか？　スープカレーなんて……もういいか！

今年の春は温度変化が激しいからもう大変。天気予報なんて降水確率よりも、朝の冷え込みと最低気温ばかり気にするようになった。ここ最近、家では白湯しか飲んでない。朝起きてまず白湯。夕方、帰ってきて白湯。テレビや映画のＤＶＤを観ながら白湯。寝る前に白湯。携帯用保温ポットに入れて持ち歩くのも白湯。リハーサルしながら白湯。打ち合わせ中に白湯。電車の中で白湯。自転車に乗りながら白湯。買い物しながら白湯。本屋で白湯。ＣＤ屋で白湯。スーパーで白湯。ユニクロで白湯。ライブ中にも白湯。打ち上げでも白湯。41歳にして白湯ライフ。ステージ上で、どんなにスポットライトを浴びていても、曲間に飲んでいるのは白湯。ギターソロをギンギンに弾いてる後ろでこっそり白湯。どれだけお客さんを煽って熱唱してても、飲んでいるのは白湯だ。真夏のフェスで、みんなが旨そうにビールをガブガブやってる横でも白湯。大体、真夏って、どこもエアコンがガンガン効いてるから体が冷えるのだ。そんな時こそホット飲料！　男らしく白湯だ。でもホットコーヒーやホットウーロン茶の缶があって、なんで白湯の缶がないんだろう？　体には絶対、白湯の方がいいのに。余計な添加物入ってないし。

　白湯のイメージが爺くさいから？　ＣＭでなんとでもなる！　福山雅治を使って、名前を「ＳＡ－ＹＯＵ」にしたら絶対ヒット！　保証する！　必ず流行るって！　マジで商品化を待つぞ！　サントリー！

（２０１０年６月）

腸内百景の巻

腸に内視鏡を入れた。生まれて初めて。下痢が続いていたし、下血《げけつ》があったりしたから一度調べないといかんと思っていたんだが、やはり場所が場所なだけに、なかなか踏み切れないでいた。しかしもう41歳だし、何があるかわからない。今回ついに入れる決心をし、朝8時過ぎに病院へ向かった。まず昼までに2リットルの下剤を飲む。これが、ほんのりオレンジ味でくそ不味いことこの上ない。飲み始めて1時間ぐらいで腸内戦争が始まる。ピーピーピーピー、ろくなもんじゃねぇ。

当日、内視鏡検査をする人が僕の他にもう1人いて、お互いトイレの争奪戦。ノックのスピードで我慢の限界度をアピール。これが本当の「ノッキン・オン・ヘヴンズ・ドア」だと思った。ディランには及ばずともアクセル・ローズよりはリアルに歌えそうだった。昼前には、検査着に着替えるんだが、この検査着、お尻の部分だけ丁寧に開いているというディヴィッド・リー・ロス以外誰も着ないだろう粋なデザイン。嬉し恥ずかし朝帰りな微妙な気持ちで、いざ検査室へ。

「はい、どうぞ！」

ん？　その声のトーン？　まさかの女医さんであった……。しかも女性の助手の方が2人も付いていて、1人は明らかに20代……俺は3人のレディの前で尻の穴を開くのか？　恋人にさえ開いたことのない肛門様を……しかし、今更逃げられない。

説明は淡々と行われ、注射で睡眠薬を注入。眠ってる間に終わっているというナイスなシステムらしいが、一向に眠たくならない……効くまでにどれぐらい時間かかるんだろう？　と考えていたら、おもむろに何かが尻の穴に。

「いてっ！」

思わず叫ぶ41歳バンドマン。

「大丈夫ですよ！　すぐ終わりますから、気にせず眠っちゃってください」

眠れるか！　この状態で熟睡してる奴の顔が見たいわ！

「ちょっ！」

「あひっ！」

「むぐ！」

北斗の拳さながらの声が響く中、検査は約1時間で終わった。

結果は全く異常なし。きれいな腸だったらしい。写真を見せてもらったが、ちょっとした洞窟のようだ。さぁ、検査も終わったし、とっとと着替えて帰ろうと検査室を出る瞬間、女医さんが一言。

「どういう名前のバンドやってるの？」

今、このタイミングで聞くのか？　先生！　まだ尻出したままなんですぜ！

「名乗るほどのバンドじゃございません。ケチなバンドでごぜぇやす。あっしのことはさっさと忘れてやっておくんなせぇ」

気持ちは人助けをした素浪人。しかし尻の穴は丸出しである。逃げるように控え室へ。さっさと着替えて、家へ帰った。若干内股で……。

結論から言おう！　尻の穴は、出口であって入り口ではない！　完全な一方通行である！　法律的にも道徳的にも無理がある！　が、法律も道徳も破った時にこそ、至福の快感が……。

お母さん、ボクは無敵になりました。


（2010年8月）

素朴な疑問の巻

　吉野家などで牛丼をテイクアウトしようとするお客さんが、自ら「お持ち帰りで」って言っている場面によく出くわすんだけど、あれって正解？

　確かに、店内のメニューには「お持ち帰り」と書いてあるが、あれはお客さんに対して、尊敬語の「お」を付けているわけで、自ら「お持ち帰りで」って言うのは、

「私は今から、おうちでハズバンドと、お牛丼をお召し上がりますのよ、オホホホ」

的なことになるのでは？　それとも、そんなことは百も承知で、そこまで自分のことを尊敬してる故、わざと尊敬語にしてるんでしょうか？　だとしたらすごく羨ましい。こっちは、そこまで自分を尊敬するどころか、日々、生まれ変わりたいって思ってるウジウジ系眼鏡男子なんだから。

　あと、コンビニエンスなんかで店員さんがお金を受け取る際に、おつりがある場合は、

「５００円お預かりします」

でいいんだけど、ぴったりちょうどの場合も、

「お預かりします」

って、おかしくないですか？

「預かるってことは、何か返してくれるってことだよね？　俺、言われた金額ちょうどぴったり出したんだけど、他に何か返してくれるんだ？　なんだろうなぁ。ワクワク楽しみ！」

みたく、おっさん、変な期待を持ってしまうじゃないの！　ちょうどの時は、

「５００円ちょうど頂きます」

でいいんじゃないでしょうか？

あと、小学生の時、先生に、「好き嫌いのない子になりなさい」って、よく言われたけど、嫌いがよくないのはわかる。でも、好きはいいんじゃないの？　好き嫌いがない子になっちゃったら「ハンバーグ大好き」なんて子もいなくなっちゃうから、お母さん、献立に困っちゃいますよね。何食べても感想が普通だったら、きっと、作る側も張り合いないよ。

「ニンジン食べられない！」って言ってる子と、フカヒレ食べても、犬の

ウンコ食べても「普通にうまいです」みたいな子と、どっちが可愛い？

そもそも好き嫌いがないって、動物として、一番よくないんじゃないか？　恋もできなさそう。好き嫌いって、頭で考えずに体が反応した結果。本能的に正直な感想なのだ。直感と言ってもいい。で、僕らのようなバンドマンにとって一番大事なのが、その直感だと思う。

よって、好き嫌い激しくてＯＫ！　直感と本能を限りなく信じろ、バンドマン！　ちなみに僕自身は嫌いな食べ物はなく、食卓に並んだ物で、食べられない物は昔からない。

ん？　ダメじゃん！　バンドマンとして！


（２０１０年９月）

省略の巻

いつ頃からだろうか？　バンド名を省略するのが当たり前になったのは。レッド・ホット・チリ・ペッパーズをレッチリ。ジミ・ヘンドリックスをジミヘン。ザ・ジョン・スペンサー・ブルース・エクスプロージョンをジョンスペ。みんな当たり前のように使っている。しかし、ビートルズをビーズとは誰も略さない。

なぜだ？　ウルトラソウルと被るからか？　それとも短いからか？　一息で言えるバンド名は略さないのか？　ビーチ・ボーイズをビチボイって略したら、ウンコちびった少年になってしまって、清涼感が一気に消える。スコーピオンズをスコピって略したら、メタル感ゼロだ。だからその辺りはわかる。が、なんでローリング・ストーンズはストーンズなんだ？　ロリストじゃだめなのか？

いろいろ試してみよう。ボブ・ディランをボブディ、プロレスラーみたいだ。セックス・ピストルズがセクピ、全くパンクじゃない。デヴィッド・ボウイをデヴィボイ、デヴィ夫人がカウボーイハット被ってるだけ。ジャニス・ジョップリンはジャニジョ、ジャニーズ好きの熟女。ジューダス・プリーストをジュプリ、宮崎駿。ピンク・フロイドをピンフロ、風俗。レッド・ツェッペリンをレドツェ、めちゃくちゃ言いづらい。ディープ・パープルに至ってはディパプ、ハイウェイスターどころか石焼き芋だ。

そもそも、海外には略すって文化があるんだろうか？ レディオ・ヘッドのトム・ヨークが、

「こんばんは。レディヘです」

って絶対言わないよなぁ。やっぱり日本人特有の文化？ その日本人も、他人のことは略しても自分のバンド名が略されるのは好まない。

エレファントカシマシの宮本さんが、

「こんばんは、エレカシです」

とは言わないだろう。サンボマスターの山口君が、

「こんばんは、サンボです」

とも言わない。清水健太郎が自分をシミケンとは呼ばないだろうし、勝新太郎が自分で勝新とは言わないだろう。

しかし、フラカンの場合は違う。俺は使う。普通に。正直な話、フラ

ワーカンパニーズって長過ぎる！　歳とってくると、ろれつが回らなくなってくるから面倒くさい。

フラカン。いい響きじゃないか！　言いやすい！　覚えやすい！　なおかつキュート！　他に似てる名前もないし。

……あっ！　アジカン！　でも彼らは、自分でアジカンとは絶対に言わないからね。若いし、ろれつも回るだろうから大丈夫！　じゃ、今日からアジカンって略すの禁止でね（勝手にスミマセン）！

フラカンはＯＫでいいのだ！

（２０１０年11月）

老〜いの巻

去年の暮れに数十年ぶりに縄跳びをした。京都の磔磔《たくたく》というライブハウスのスタッフの間で、なぜか縄跳びが流行っているらしく、ライブの本番前に少しだけやらせてもらったのだ。

自信はあった。何しろ小学生の時、縄跳び検定1級。縄跳び大会、3年連続で優勝だ（といっても僕が通っていた名古屋市立天白小学校の中だけの検定だが（天白小学校縄跳び検定1級→二重跳び30回／後ろ二重跳び10回／はやぶさ10回／忍者（あや跳びの二重跳び）10回／三重跳び3回））。

41歳になったが、まだ勘は鈍っていない。年間100本ライブもやっているから、運動量も普通の会社員よりは断然多い。三重跳びはできないにしても、二重跳びぐらいなら果てしなくできる。と、本気で思っていた。

甘かった。結果は惨敗……二重跳びが6回。後ろ二重跳びが2回。はやぶさは0回。忍者も0回。三重跳びも0回……ショックだった。果てしなくできると思っていたのに、これじゃ普通の会社員のおっさんと一緒だ。

アスリートなのは気分だけ。子どもの運動会の父兄参加リレーで、すっ転ぶ気持ちがよくわかった。

気付かないうちに老いは来ていたのである。去年の体の故障（捻挫1回、骨折4本、肉離れ1回）は厄年のせいなんかじゃなかった。老いだ。老いは忍び足ですり寄ってきて、気付くのは怪我か病気をした時。日々の衰えぐらいじゃ気付かない。さて、気付いたところでどうする？　走るか？　ジムるか？　いやいや、そんな悪あがきは、なんか女々しいじゃないか！　ロックンロールは男らしくいきたい。

一番男らしいのは何もしないこと！　すなわち、老いを潔く受け入れる！　じっと黙って枯れていく様を見せる。それがエコ、ロハス、スローライフ。そもそも長生きしようとすることから今の科学文明が始まり、もうその科学文明も限界のどん詰まり。みんな人間らしい暮らしを求めている。逆らっちゃダメなんである。流れに任せて生きる。それがナウでありロックだ。というわけで、菓子を食いながら、ふんぞり返ってテレビばかり見ている41歳であった。トドになる日も近い。全て受け入れるぜ、ロックンロール！

（2011年2月）

くねくね事件の巻

映画のＤＶＤを借りに、よくツタヤに行く。最近ツタヤでは、旧作を何作か集めて「面白くなかったら、料金を返却します」キャンペーンなるものをやっている。たぶん、あまり借りられることのない旧作を借りてもらうための作戦だろう。この手の戦略は、飲食店なんかでも、たまに見かける。「もし食べて不味かったら、料金を全額、お返しします！」みたいな手書きで気合いの入ったポスターが店内に貼ってあったりするのを、何回か見たことがある。これ、実際に返却してもらう人ってどれぐらいいるんでしょう？　お店側も、ほぼ返却はしないだろうという見込みの上で、成り立っている作戦だ。これを正直に言える勇気ある人と、正直に言えない勇気のない人がいて、僕は紛れもなく後者。

　実際にツタヤで借りた映画は面白かったので、はなから言うつもりはなかったが、仮につまらなかったとしても、金を返してくれとは絶対に言えなかっただろう。ツタヤの場合は、まだいい。その映画を作ったのはツタヤじゃないから。でも飲食店の場合は違う。作った本人に向かって、不味かったから金返せとはなかなか言えるセリフじゃない。たとえ、それを言っても大丈夫であろうキャンペーン中であってもだ。

もう15年以上前の話だが、フランチャイズのどんぶり店で、一人、食べていたところ、どんぶりの底にたどり着くちょっと手前で、くねくねを発見したことがあった。

くねくねとは、くねくねと曲がった毛のことである。厨房を覗くと、店員さんは、全員男。もし、厨房で作っている人が、若くてきれいな女の人だったら、むしろ喜んだだろうが、そこにいたのは、自分より少し若い、いかにも冴えない感じの男で、確実にそいつのくねくねである。正直、いい気分はしない。いや、いい気分はしないどころか、今となっては吐き気さえ覚える。当たり前だろう。見ず知らずの男のくねくねが入ったどんぶりが出てきたんだから。勇気ある人なら（今ならクレーマーというのか?）、確実に怒鳴るタイミングである。しかし、勇気のない人である僕は何も言わなかった。というか言えなかった。その時、僕がとった行動は、見なかったことにして、一気にくねくねごと胃袋の中にかきこむという、消極的なのか、積極的なのかよくわからない荒業。

今思うと、その行動は、そのまま自分の歌の内容を表しているような気がする。後ろ向きで、ウジウジした内容の歌を、顔を真っ赤にして絶叫するというスタイル。まさにくねくね事件と同じ。そう考えると、あの事件は決して無駄じゃなく、奥の深い事件だったのかもしれないなぁ～、などと機材車の中でぼんやりと考えている。高速道路が、いつもよりくねくねしているような感じがするのは、気のせいだろうか？と純文学風に原稿を終わらせながら、本日もツアーは続く。曇天の空。

（２０１１年６月）

自転車おばさんの巻

いつも、リハーサルスタジオまで片道20分ぐらいかけて自転車で行く。先日、信号待ちで、たまたま隣りになったおばさんがいた。同じく自転車に乗っていて、どうやら目指す方向が同じらしい。

その日は、やたらと信号に引っかかる日で、足止めをくう度に、そのおばさんと信号で一緒になる。見た感じおそらく50代で、おばさんそのものであるが、思ったより自転車のスピードが速い。自分はまだ40代になったばかりだし、ライブを年間１００本やっているので普通のサラリーマンより体力は自信がある。自転車を漕ぐスピードもどちらかと言えば速い方。50代のおばさんに追い越されるなんて、まずあり得ない。

そのおばさんは特に鍛えている風でもなければ、際立って負けず嫌いな感じにも見えない。自分と勝負している感じでもないし（勝負してる人の場合、信号が青になる少し前に、傾姿勢でダッシュの準備をしていたりする）、急いでいる様子もない。

前のカゴにはスーパーのレジ袋が入っていてネギが顔を出しているし、体型も重力に逆らわない典型的なおばさんそのものだが、常に自分の右ちょっと後ろ辺りをキープし続け、赤信号のたびに真横に並ぶという繰り返しに。

自転車に乗る人ならわかると思うが、ずっと隣りに知らない人に並ばれると非常にストレスがたまる。4回目の信号待ちの時、遂に僕は勝負を決めようと思った。その先は登り坂で、それほど急な坂ではないが比較的長く、普段は立ち漕ぎなしで登りきるというのを自分の中のルールにしていた。

信号が青になった瞬間、若干フライング気味にダッシュを決めた。出だしは順調、勝負は決まったと思った。これで、今日のリハは気持ち良く歌えると思った矢先、おばさんが自分の右横を軽快に追い越していった。

えっ！　まさか！　非常事態なので、普段のルールを破り、立ち漕ぎ解禁で思いっきりペダルを踏んだが、おばさんは悠々と坂を登りきり消えてしまった。

……負けた。おばさんに。汗ばんだ体のまま、しばらく呆然。こっちは立ち漕ぎまでしたのに。おばさんは立ち漕ぎはおろか、ペダルも漕いでなかったように見えた。あまりにも速い動きは止まって見えると言うが、それだったんだろうか？　もう俺は年寄りになってしまったのか……めげまくっていたところ、さっきと違うおばさんが、軽快に横を去って行った。少し前から聞き慣れたモーター音とともに。そこで気付いた。電動自転車だったんである。俺はおばさんに負けたんじゃなく、電気に負けたのだ。どうりでペダルを漕いでいないわけだ。空を見上げ、ほっと一息、ゆっくりとリハへ向かった。めでたしめでたし。

　じゃないだろ！　あんなもん、人力で勝てるわけないじゃん！　危ないし！　電動自転車って歩道走っていいのか？　原付扱いじゃねーの？　車道走れよ！

　今度一緒になったら絶対に負けん！　相手が電気なら、それなりの作戦を練るからな！　電気には負けんぞ！　待ってろ！　ついでに言っとくとiPodだかなんだか知らんが、あれもなんとかしろ！　チリンチリン鳴らしても全然聞こえてねーし！　はっきり言って邪魔だ！　音楽は家でゆっくり聴け！

（２０１１年７月）

コラム

犬と猫の巻

『ミュージシャンと猫』という本が出た。タイトル通り、ミュージシャンが自分の猫を写真で紹介するという内容で、僕の知り合いのミュージシャンがたくさん出ていた。

羨ましい……。本屋さんでふと、その本の周りを見渡してみると、猫の本が異常に多いことに気が付いた。数年前までは犬の本が多かったような気がしたが、完全に逆転している。

犬派としては、そのうち『ミュージシャンと犬』という本が出ないかと、こっそりオファーを待っていたんだけど、おそらく無理だなぁ。今、時代は完全に猫だ。

この本、まずタイトルが率直でいい。そもそもウルフルズのトータス松本さんをはじめ、斉藤和義さんなどミュージシャンは犬より猫を飼っている人の方が多いように思う。

それは住宅事情も含めて、猫の方が犬より飼いやすいことも大きい。まず第一に散歩の必要がない。犬は散歩が絶対条件だ。そして猫は留守番が長い時間、場合によっては何日もできる。犬は長時間の留守番は難しい。さらに猫は無駄に鳴かない、しつけがあまり必要ないなど、不規則で身勝手な暮らしのミュージシャンにぴったり。そして意外に大きいのがイメージである。

　ロックンロールに絶対に必要なイメージ、それは自由。フリーダムと言い換えてもいい。イギー・ポップが「お前の犬になりたい」と歌っているのは、ロックに自由のイメージがあるから、あえて犬になって束縛されたいと歌っているのだ。

　束縛のイメージの代表が犬。逆に猫のイメージは自由、気まま、繊細、個人主義、反権力。それに比べて犬は服従、忠誠心、ちょっとトロい、群れる習性、権力に屈するなど、完全にロックンロールと真逆。さらに猫は頭がよくてずる賢いから、飼い主の方から合わせねばならないが、犬の場合はオツムが弱くてドジだから、飼い主に従うといったところ。猫派に言わせると、外から帰ってきても喜んで出迎えたりすることもあれば、全く無視されたりする時もあるそうで、その気まぐれなところが飼い主にはたまらないらしい。犬はいつどんな時も、外から帰ってきたら尻尾をぶんぶん振って飛び付いてくるし、場合によっては、嬉しさのあまりお漏らししたりもする。

正直、犬を飼っている自分でも猫ってかっこいいと思う。しなやかで、凛としていて、確固たる自分を持っていて、絶対に曲げない。その点、犬はどんくさくて、寝てばかりいて、食い物のことしか考えてなくて、ごはんのためなら芸でもなんでもする（お手とかお座りとか）。おまけに馬鹿過ぎて（そこが魅力なんだけど）、散歩で他の犬と目が合えば、すぐに吠えて襲いかかるし（ヤンキーの中学生と一緒だ）、家にいる時でも外で他の犬が吠えたら、いちいちその声に反応して吠え返すし（ただ犬のしつけがなってないだけかもしれないが）。まず主従関係をはっきりさせて、自分より上だと思った者には絶対服従し、下の者には威張り散らす（中学生の運動部と同じ）。これ、人間だったら相当嫌な奴。太鼓持ちのサラリーマンそのもの。そういえば犬の目って、とろんとして負け顔だもんなぁ。

猫は飼い主に対しても上から目線だし、プライドが高いから、ペコペコもしないし、目付きも鋭い。ロックンロールそのものなんである。だからなのか、ロックの歌詞には猫がよく使われる。ロック的にかっこいい意味で。プッシーキャットとか、のら猫といった類い。犬は権力の犬とか、敵側に使われることが多い。

だから猫は似た者同士の芸術家に愛され、犬はサラリーマンのファミリーに愛される。みんな結局、自分が大好きだから、ペットも自分と似ている方を選ぶのである。

ん？　じゃ、俺は？　犬飼ってるぞ？　サラリーマン？

まぁ確かにバンドのリーダーから毎月、給料貰ってるから、サラリーマンと言えなくはない。目もタレ目でトロンだ。とりあえず『ミュージシャンと犬』という本が出る予定があったら、お座りしながら、取材待ってま～す！

（2011年8月）

効くCMの巻

いつの間にか、ＣＭも過激になったもんだなぁと、ぼんやり思っている。お盆明けのツアー中、仙台のホテルで。わかりやすく過激じゃなく、やんわりと過激になっているような気がする。

ドバ〜ッと過激なら、見ているこっちも、え〜っ！　と声を出したり、のけぞったりできるんだが、何気にふわっと過激だったりするからその時は気が付かない。その代わり、あとからボディブローのようにジワジワ効いてくる。

例えば、夏になると毎年必ず出てくる脇の汗を抑えるスプレーや液体のＣＭがある。あれ、昔はあんなに種類がなかった。あっても8×4とｂａｎ16の2種類ぐらいだったと思う。今は、もう覚えられないぐらい種類があるし、ＣＭもかなり多い。

それだけ需要があるってことなんだろうけど、若い女の子が脇にスプレーしている映像が普通になってるってすごくない？　可愛い顔したお姉ちゃんが脇をウェットティッシュで拭き取る絵。冷静に考えたら、かなりドキドキ映像だと思うけど（俺だけ？）。そもそも、一昔前は、女の子は脇に汗なんてかかないと本気で思ってたし、女の子が脇を見せるって滅多になかった。今はもう、当たり前のように、みんなＣＭで見せてくれる。あの手のＣＭは効くよなぁ、と老人のようにぼんやりと思いふけっている。仙台の三井アーバンホテルで。

　あと、下着のＣＭ。これも昔はそれほどなかったと思う。あってもせいぜいマネキンが下着を着けてるぐらいだった。今は女の子が下着をつけたＣＭが当たり前に流れている。

　今年、びっくりしたのは、可愛い女の子が、いきなり下着姿になるＣＭ。どこのブランドなのか覚えてないけど、普通に白い服を着ていた女の子が突然、軽やかに下着姿になる。それに続いて他の女の子もみんな軽やかに下着になる。あれは、きた。

　初めて見た時はあっさり流したんだけど、後で冷静になって思い出したら、かなりのもんだと驚いた。大袈裟じゃなく、ゆっくりと、心臓が止まるかと思った。妙に爽やかで、いやらしさが全くないＣＭなんだけど、下着は下着。あれは、効く。ドキドキした。水着だったら、なんとも思わないんだけど、下着は別物だから。

あれは、くるよなぁ、と死ぬ間際の爺さんのような姿勢でぼんやりと思いふけっている。仙台の三井アーバンホテルの1411号室で。

まんざら悪い時代でもなかったのかもしれないのぉ……。ふぉっ、ふぉっ、ふぉっ……。ウッ！　合掌。チ〜ン。こんな最期が理想だな。

（2011年9月）

なで肩男子の巻

なで肩。それは、男として致命傷である。肩幅は男のしるし。それがなでているんである。ダメだ。その時点で負けだ。男として。

本当は、俺も革ジャンとか着たかった。Ｗの革ジャンに、スリムのジーパン。靴はもちろんドクターマーチン。首にはチェーンのネックレス。髪の毛は金髪でスパイキーヘア。そう、いわゆるパンク・ファッション。したかった。本当は、俺も……。

でも無理なの。だって、なで肩だもの。パンク・ファッションに一番欠かせないＷの革ジャンが、何度着ても決まらないの。若い頃、何度も試着したの。でも、一度も決まったためしはなかったの。革ジャンを着ているというより、革ジャンに着られているの。完全に負けているの。Ｗの革ジャンに。七五三。もしくは初めてのスーツ。そこに初々しさはあっても、荒々しさがないの。新入社員なら、それでもいいかもね。でも、私がなりかったのは、パンクス。パンクスが初々しくて、どうするの？　なめられるだけ。なめられたくないがためにパンク・ファッションをするのに。昨日なりたてです！　なんてパンクスは、完全に失格よ。パンクスは、生まれた時からパンクっていう顔をしてこそなの。

話がそれた。文体も。なで肩の話。はっきり言って、いいことがひとつもない。Wの革ジャンが似合わないというだけじゃない。もう全ての服が似合わないといっても、言い過ぎじゃない。なで肩に似合う服なんか一着もない。かといって、脱いだら脱いだで、もっとダメ。頼りない。弱そう。だらしなさそう。リーダーシップ取れなさそう。海は、水着になるからダメ。山は、リュックがすぐ肩からずり落ちるからダメ。服着てダメ、脱いでもダメ。夏ダメ、冬ダメ。もう全部ダメ。それがなで肩の現実。

教えて、トム・クルーズ！　なで肩男子の生きる術。そして、照らして！　なで肩男子の進む道。ちなみに、なで肩男子は、肩幅のある女の子に、ぐっときます。たぶん。

（2011年12月）

心のユートピアの巻

冬になると思い出す光景がある。木枯らしの吹く名古屋の片隅、実家で過ごす日曜日の夕方。たぶん、小学校5年生ぐらい。ちょうど「笑点」が始まるぐらいの時間、もう陽は落ちていて外は真っ暗。

図書館少年だった僕は、その日も図書館から3冊の本を借りて家へ帰った。玄関を開けると大好きなホワイトシチューの匂い。

父は奥の部屋で座椅子にもたれながら「笑点」を見ている。母は台所でシチューを煮込んだり、レタスをお皿に盛ったりしている。弟は友達と外で走り回っているんだろう。まだ帰ってきていない。僕は借りてきた3冊の本を抱えてリビングにあるこたつに足を突っ込む。当時はもちろん半ズボン。しもやけ気味の手も一緒に突っ込んで両手で足をさする。冷えきった手足に少しずつ血が通い始める。

薄いピンク色のカーテンの隙間から水滴の付いた窓が見えて、その向こうにはぼんやりと街の灯りが滲んでいる。僕はワクワクしながら借りてきた本を開いて、一番後ろに挟んである貸し出し表を見る。そこにはその本を借りた人達の名前がずらりと書いてあって、その名前を見ながらどういう人なのか想像する。というなんてことのない光景を寒くなると必ず思い出してしまう。

特別嬉しかった日でもないし、何かびっくりするようなことがあった日でもなかった。なんでもないただの日曜日の夕方。

たぶん、幸せだったんだと思う。お酒もセックスも知らなかったし、欲しいものが全部手に入ったわけではなかったが幸せだった。だから今まで幾度となくその光景を思い出してきたんだろうし、これからも思い出し続けるだろう。ふさぎこんだ時や疲れてしまった時にその光景を思い出し、少しホッとするだろう。

あの日の光景は僕にとって心のユートピアであり、幸せのイメージなのだ。歳を重ねるということは、そんな心のユートピアや幸せのイメージが少しずつ増えていくことであって欲しい。決して今まで持っていた幸せのイメージがボロボロにすり減ってしまうようなことであってほしくはない。生きていればみんなそれなりに壁にぶち当たるし、辛い思いだってする。寂しくてたまらない夜だっていつか来る。そんな時に心のユートピアや幸せのイメージがあればかなり違ってくる。答えや出口が見付からなくても少しだけ落ち着くことができるはずだ。

僕にとって幸せと聞いてまず思い出すのは、なんでもない冬の日の光景。あの光景があるから、僕はこの先も大丈夫。今年の冬も冷え込むらしい。30代最後の冬、果たしてどんな冬になるだろう？

（2008年12月）

助六最強説

ツアー中、必ずやっている朝のルーティーンがある。ライブ当日は1分1秒でも長く寝ていたいので、可能な限り集合時間まで外には出ない。起きる時間は出発する2時間前。

起きたらまず歯を磨いて、うがいをする。そして湯船にお湯をためる。季節にもよるが、大体44度ぐらい。

お湯をためている間にケトルでお湯を沸かし、冷蔵庫に入れておいたペットボトルの冷水と混ぜる。少しぬるくなったお湯を1杯飲んでから、朝食（昼一食の時もある）タイムだ。

ツアー先でのライブ当日の朝食はここ15年ぐらいずっと同じである。イチローのようにカレー、でもなく、バナナでもない。

助六寿司である。おいなりさんが3つに太巻き3つ。そしてかんぴょうだったり、きゅうりだったり、まぐろだったりの小さい巻寿司が2つ入った、あの助六。正直なところ、食べてもおいしいとは少しも思わない。元々は好きだったような気もするが、毎回食べているので今となってはただエネルギーが欲しいだけである。じゃあなぜ助六なのか？

前日の晩に買っておいて冷蔵庫に入れておけるからである。ライブ当日は一秒でも長く寝ていたいので外出はしたくない。となると部屋に置いておける食べ物で腐らないものに限られる。

だったらインスタントラーメンでもいいじゃないか？　あんたインスタントラーメンが一番好きな食べ物だっていつも自慢げに触れ回ってるじゃないか？　と思う人もいるだろう。確かに間違いではないが、正解じゃない。インスタントラーメンが一番おいしく感じる時間帯は深夜2時を回った後、要するに寝る前なのだ。寝る前に食べるからインスタントラーメンはよりおいしくなる。なぜなら寝る前にすすっているのは麺だけではないから。こんな時間にラーメンを食べたら、確実に太るし、体にもよくないという後ろめたさと背徳感、そして優越感も一緒にすすっている。それらがある意味、麻薬のようなうま味調料となっているからおいしいのであって、朝起きてすぐに食べたっておいしいわけはない。

それに命がけのライブをインスタントに任せてしまっていいのか？という疑問も出てくる。ライブに来てくれる人達はチケットを予約した半年前ぐらいから、その日のライブを楽しみにしててくれている。その美しい期待に最高のパフォーマンスで答えねばならないのがプロなのだ。それをインスタントで済ますなんて！　だから助六寿司なのだ。

　おにぎりだと冷蔵庫に一晩入れておくと固くなってしまう（何回か冷蔵庫が冷えすぎて、カチコチに凍ってしまったこともある）。助六もたまにカチコチになることがあるが、助六はカチコチでも食べられる。

　冷蔵の食べ物だったら、冷やしそばや冷やしうどんもあるじゃないか！と思うだろう。確かに昨今のコンビニエンスにはそばもうどんもある。種類も割りそばだけではなく、とろろそば、めかぶそば、一日分の野菜が採れるサラダうどんなどバリエーションも豊富だ。しかし、ホテルの冷蔵庫は時に小さい。いや、ほとんどの場合、小さい。

　ツアー中、冷蔵庫には2リットルサイズのペットボトルの水が不可欠なのでそれを入れた後に入る大きさの食べ物でなくてはならない。そばやうどんだと若干大きいのだ。ただの割りそばなら薄いので縦にすれば入ることは入る。だが割りそばだけではエネルギーが足りない。といって、とろろそばにすると急にサイズが変わって分厚くなる。もうあれでは冷蔵庫に入らない。太り過ぎなのだ。

　ホテルの冷蔵庫に入るぐらいのスリムでスマートな容れ物に入った、2時間のライブを持たせることのできる食べ物は助六を置いて他にない。

助六なら、縦にして入れておける。もしくは一番下に置いて、その上にペットボトルを置ける。もとから備え付けのプラスチックの仕切り板はもちろんはずす。助六は中身の量もちょうどいい。サイズはどのコンビニエンスでも大体同じだ。完璧である。が、この助六が毎回近くのコンビニエンスにあるとは限らない。今どき、旅先のコンビニエンスで助六寿司なんか食べる人、俺の他にいるのか？　と思っていたが、いるのである。売り切れている場合が結構あるのだ。そうするとコンビニエンスをはしごして捜し回る。ホテルが街の中心地から外れた場所にある時は最悪で、わざわざ助六のためだけに2時間も走り回ることになる。ライブ前日に何をやっているんだと思わないこともないが、これ全てライブのため、ライブには助六がどうしても必要なのだ。

　大体、3軒ぐらい回ればあるのだが、ない場合もある。そんな時は、諦めるしかない。「カニカマ巻き」「サラダ巻き」を買って代用する。

　だがやっぱり弱い。そもそもカニカマのカニはカニじゃないのだ。カマボコを赤く塗っただけ。その赤カマボコに酢飯と海苔を巻いても、エネルギーなど出るわけがない。サラダ巻きも似たようなもので、キュウリとか緑色のものをぶち込んでマヨネーズを注入しただけのものである。大体、タイトルからして弱い。「サラダ巻き」。サラダなんか、正直夕飯の時にあってもなくてもいいものである。とりあえず野菜らしきものを小皿に盛っておけば体にいいだろう？と思わせるためだけのおまけに過ぎない。

　そんなカニもどきのカマボコやサラダと称した緑の草の切れ端ごときで2時間、全力のパフォーマンスを保てるわけがないのだ。カマボコや野菜のクズで2時間持つなら、こっちも苦労はしない。だからもしライブを観ていて、ターンのキレが悪かったりジャンプが低かったりしたら、それは助六がなかったからだと思ってもらっていい。そしてそれは俺のせいではない。助六を切らしていたその地方のコンビニエンス、もしくは小さい冷蔵庫しか入らないような作りにしたホテルのせいなのだ。

　全ては助六さえあればうまくいくのである。ライブ中の歌声はもちろん、ジャンプ、ターン、シャウト、これ全て助六の成分のおかげ。酢飯はもちろん、おいなりさんの油揚げ、太巻きに入っている卵、かんぴょう、きゅうり、その他地方により中身は若干変わるが、その辺りが、ライブのエネルギーの源である。

　助六寿司、恐るべし。助六こそ、ナンバーワン寿司、ナンバーワンフード。
だからもしライブ中に、俺の口からかんぴょうの破片が飛んで、あなたのおでこを直撃してもどうか許してあげて欲しい。

　全ては助六のために。

切り替え

切り替えが苦手である。ひとつのことに集中してしまうと頭の中がそれだけでいっぱいになってしまい、他のことが全く手に付かなくなってしまう。

例えば連続ドラマ。週に1回のペースなんてとてもじゃないが待てない。NHKの朝ドラならまだわかる。だがほとんどのドラマは週に1回、一度見てしまったら最後、その世界にどっぷりとハマり、ドラマの住人になってしまう。そうなると一週間そのことばかり考えることになってしまうのだ。ひどい時には、どっちが現実の世界か迷う時すらある。そんな状態になるので、仕事は愚か日常生活もままならなくなる。だからドラマは本放送ではまず見ない。本放送が終わるまで全て録画してたっぷりと時間を取ってどっぷりと続けて見る。

映画も同じである。「男はつらいよ」シリーズなど、何かの拍子に観てしまうと、また一話から順番に観直さないと気が済まなくなる。もう何周しただろうか？

大学時代、時間があったし、レンタルビデオ店でアルバイトをしていたので、その時期に少なくとも2周はしている。今、ドラマは見なくなったが、昔のもので、よく見るものは、DVD BOXで揃えてある。見始めたら最初から最後まで見ないといられなくなる麻薬のようなドラマそして映画。

「男はつらいよ」「3年B組金八先生パート1」「3年B組金八先生パート2」「2年B組仙八先生」「刑事物語」「北の国から」「傷だらけの天使」「ウルトラQ」「ウルトラマン」「ウルトラセブン」「機動戦士ガンダム」全て麻薬だ。一度手を付けると抜け出せなくなってしまう恐ろしい物語達。

ワイドショーで芸能人が覚醒剤や大麻やコカインで捕まるニュースを見ると、とても他人事とは思えない。なぜなら僕も同じ病人だからだ。たまたま使っているものが違うだけで症状は同じだ。違うのは法律に触れていないということだけ。麻薬中毒者は身体をやられる。実はそれ、僕も同じである。ドラマ、映画を観出すと昼夜問わずずっと座り続けることになる。結果、腰がやられる。覚醒剤を使うと、眠たくならないらしい。これも同じである。ドラマを見ると寝れなくなるのだ。そして一番同じだと思うところが、多幸感を得られるという点。

さらに一度ハマってしまうと一生完全に断ち切ることができないという点も同じだ。世の中、何が正しくて何が間違いなのかわからなくなってくる。俺も行かないとダメかな、ダルク……。

自然と私

自然が好きじゃない。いや得意じゃないと言った方が近い。

ツアーの時、ごくたまにとてつもなく大きな空や、広くて澄んだ海を見る機会がある。そういう時、他のメンバーは大抵、いや、もれなくこう言う。

「おおー！　でっかー！　やっぱ最高だわー！」

「青いなー！　気持ちいいー！」

わかる。確かに僕もそう思う。一瞬は。

だが、残念ながら、それは長く続かない。長くて5分。短いと30秒。

それぐらいで最高の気分もしぼんで慣れる。そして飽きる。

ついこないだもツアーの途中のサービスエリアで大きくて、まんまるな月が見えた。

「おおー！　まるいな！　模様まではっきり見える！」

「ウサギがモチついてる！　あのウサギ飼いてーな！」

「二匹ともか？　多頭飼いは大変だよ？」

「そうか、じゃ一匹でいいか」

「もう一匹はどうすんだ？　月に残したままか？　寂しがるだろ。ウサギは寂しいと死ぬらしいぞ。それに一匹じゃ、モチつけんぞ」

「それもそうだな。じゃ、もう一匹お前飼わん？」

「俺、哺乳類ダメ。温かい生き物ってゾッとする。爬虫類か両生類に限る」

「爬虫類か。月にワニいるかなー？　探せば一匹ぐらいいるんじゃないか。おっ、あれワニに見えん？」

「見えんな。それに今更だけどウサギって一匹じゃなくて一羽だな」

「えっ？　なんで？　あっ、耳が大きくて羽みたいに見えるから、鳥ってこと？　なるほどなー！　ちょっとロマンチックだよなー」

　筆がすべり過ぎた。ほぼ嘘です。でもスーパームーンと言われる月が見えて、きれいだと話す声が聞こえたのは事実。

　僕は空を見上げもしなかったので見ていないが。

　映画やドラマなんかでもっともよく聞くセリフがある。

「海や空ってずっと見てても全く飽きないんです。毎日見てますけど、毎日色も形も違うんです」

　全くわからない。ずっと同じに見えるとまでは言わないが、どうして飽きないんだろうと思う。5分で飽きる。

もう10年以上前の話だが、ツアーで奄美大島へ行った。

夜中、みんなで浜辺に寝転がって空を見ていた。

流れ星が次々と落ちていくのが見えた。最初は「おっ」と思った。

もしかしたら「流れ星だ！」ぐらい言ったかもしれない。が、5分後、気分が悪くなり、吐いた。お酒を呑み過ぎたのではない。流れ星に酔ったのだ。

たぶん向いていないのだ。大自然に。

小さい時から団地住まいだったことも関係しているかもしれない。

大きい空を見ているとなぜか悲しくなってどんどん憂うつになってくる。

海を見ても、自分が溺れる姿ばかりが頭に浮かんで恐ろしくなる。

大草原を見ると、トイレに行きたくなる。

牧場は牛のよだれが気になって、他のものが目に入らない。

流れ星に酔う。

刺し身を出されても、ただ釣ってさばいて皿に乗せただけじゃないか。これを料理というのか？　むしろ研究に研究を重ねて完成したインスタントラーメンこそが本当の料理じゃないのかと思ってしまう。

幽霊や怪談話はちっとも怖いと思わないが、シャチを見ると尾ビレで散々もてあそばれた挙げ句、よってたかって食われてしまうような気がして震えてくる。

夕焼け空や月は、電線の隙間からちらりと見える方がきれいだと思うし、浜は熱海の浜辺が一番美しいと思う。

テレビで民家がまばらな田園風景を見ると寂しくなる。

大きな一軒家に全く憧れない。ロスやハワイに行きたいとも、少しも思わない。

もっとごちゃごちゃしていて、狭い雑踏の方が落ち着く。

ニューヨークや香港やブラジルのファヴェーラの風景を見るとやる気が湧いてくる。治安が悪いところは嫌だが、もし住むとしたらああいう人が密集しているゴミゴミしたところがいい。

やっぱり東京が一番好きなのかもしれないなあ。

旅慣れ

もう何百回とツアーで旅をしているが、未だに慣れない。道が覚えられないとか、高速道路がどこでどう繋がっているのかわからないとか、どの県がどの辺りにあるのかが実はあやふやだとかそういうことではない。

荷造りである。荷物を減らせないのだ。

普通、これだけ旅をしていたら、段々と軽装になっていくと思う。しかし僕の場合、何十年たっても全く荷物が減らない。それどころか増えてきている。

今、まさに旅の準備をしているところだ。今回の旅は10日間。

まずは10日分の着替えである。下着。パンツは、ライブの日は2枚。ライブで汗をかくので絶対に不可欠。そして靴下も同じだ。移動日は1枚でいい。

そして上のシャツ。夏場ならTシャツ1枚でいいんだが、冬場はヒートテックが必要になる。さらにヒートテックの上にTシャツも着用する。当然ながら下に穿くヒートテックも必要である。Tシャツにヒートテック、それぞれ日数分。

さらにヒテク（ヒートテックを略す）とTシャツの上に、セーターをはおる。もちろん上着も。その上にはおる。ややこしくなってきたのでまとめると、下着を日数分（ただしライブの日は2枚）。ヒテクの上下を日数分。Tシャツを日数分。セーターに上着。

そして10日間同じセーターなのはさすがに嫌なのでセーターももう1枚。さらに、寝巻きのスウェットの上下。ホテルの浴衣はペラペラで寒い上に、朝になると100%はだけているので風邪をひいてしまう。

さらにさらに、ツアー中何があるかわからない。異常に汗をかいてしまうかもしれないし、渋滞している間に漏らしてしまう可能性もある。下着の予備を2枚ずつ。

おっと忘れていた。ズボンも10日間同じでは嫌なので、もう1枚。

さらにさらにさらに、ステージ衣装である。人によって、普段着のままステージでパフォーマンスをする人も多いが、僕は完全に分けている。

ステージ衣装を普段着として使うことはない。なのでステージ衣装のシャツとズボンの上下をライブの日数分。今回なら6回分である。以上、服だけでこれだけ。

服以外になると、ライブの日に使う整髪料（スプレーとムース）、電気シェーバー。充電が切れた時のためにアダプター。サプリ、下痢止めなどの薬用品。

コンタクトレンズ日数分。ライブ用のアミノバイタル、爪切り、すきバサミ、うがい薬に化粧品と乳液。歯ブラシに歯間ブラシ、シャンプーとコンディショナー。

これだけを、ボストンバッグに無理矢理押し込むのだが、さすがに入りきらないので、ステージ衣装は別の袋に分ける。

これで終わればいいのだが、それにトートバッグも加わる。トートバッグには、電子機器を2つ。Kindleのパッドとipod。ヴィックスドロップを1箱分。さらに本。最低でも文庫2冊に、B6サイズの単行本を2、3冊。あっ、携帯用の吸入器も必要だった。以上である。どういう見た目になっているかというと、大きいボストンバッグを右肩にかけ、右手にトートバッグ、左手にステージ衣装の袋。正直かなり怪しい。みんな使っているコロコロケースに入れればいいじゃないか？　と思うかもしれない。が、あれを使うと機材車のスペースをたくさん取るので使えないのだ。ボストンバッグなら狭い機材車でも押し込むことができる。

本当にこんなに必要なんだろうか？

いや、正直、下着やステージ衣装などは、途中で洗濯できる。しかも10日間もあれば、2回できる。今の3分の1の量まで減らすことも可能だ。

しかし万が一、風邪をひいてしまって、それどころじゃなくなるとか、コインランドリーがめちゃくちゃ遠いとか、洗濯する時間がないとか、乾燥機で縮んでしまうのが嫌だとか、いろいろと考えてしまうのだ。そんなことは今まで一回もなかったが…

…。

仮に、もし洗濯できなくても、下着なんてコンビニエンスでも買えるし、ヒテクだって、ユニクロぐらいどこにでもある。わかっているのだが、コンビニエンスで下着を買うのは負けたような気がしてシャクなのである。

せめて予備は減らしても？とも毎回思うのだが、これも結局減らせないままだ。

これを物事を悪い方にばかり考える心配性な臆病者と考えることもできるが、こうも考えられないだろうか？　バンドマンという、瞬間瞬間に命を燃やす人ばかりいる中で、いざという時のこともきちんと考えることのできるしっかり者。

まあ、そうはいっても、人から見たらただの夜逃げにしか見えないんだろうな……。

自意識過剰

自意識過剰だと言われることがよくある。しかし、この言葉、今ひとつピンとこない。自意識はわかる。なんとなくだが、自分を意識するということなのだろう。

ピンとこないのは過剰の方。自分はロックバンドのボーカリストという肩書以外、いたってノーマルな人間である。過剰なところなどひとつもない。とりたてて背が高いわけでもなければ印象的な顔立ちをしているわけでもない。駆け足が速いわけでもなければ、スキップができないわけでもない。大食いでもなければ少食でもない。便秘でもなければ下痢でもない。アル中でもなければ薬中でもない。過剰という言葉が似合わない凡庸中の凡庸。

これ、ロックバンドのボーカリストとしては完全に失格。本来、ロックバンドのボーカリストは過剰であればあるほど、いいはず。いや、過剰でなければならない。

ステージの上で過剰に声を張り上げ、過剰に走り回り、過剰に聴衆を煽り、過剰に権力に牙を剝き、過剰にＳＮＳを炎上させ、過剰に社会に絶望し、過剰に悶え苦しみ、過剰に高いところによじ登り、過剰に飛び降りたりしなければならない。ボーカリストは。

一応自分なりにやれることはやっているつもりだが、おそらく過剰には見えていないだろう。中の下くらいじゃないだろうか。ではなぜそんな中の下が自意識過剰と言われなければならないのだ。自意識過少ではないのか？　そもそも自意識過剰とはなんなのだ？

辞書で調べると、

自意識過剰——他に対する自己を意識しすぎること。自分が他人にどう見られているかを考えすぎること。

なるほど。でもそれって普通のことでは？　みんなそうじゃないのか？　気にならないのか、みんな。他人の視線が。

僕は乳首のところだけ穴が空いたTシャツで渋谷の街を歩けない。ノーパンでチャック全開のズボンを履いて山手線には乗れない。ミッキーマウスのカチューシャをつけたままカルディに一人で入れない。マニアックなエロ本を持ったままスターバックスコーヒーでカフェラテのトールサイズを選べない。女性しかいないホットヨガ教室でハッピーベイビーのポーズはとれない。女子高生しか並んでいないタピオカジュースの列にしれっと一人で並べない。できるのか？　みんなは。気にならないのか？　他人の視線が。僕は気になります。他人の視線。

視線だけではない。今こうやって平然と自分のことを「僕」といっていることも気になっている。50歳になったおじさんが、自分のことを「僕」ってどうなんだ？　少しでも若く見られようとして必死に頑張っていると思われるのではないか？　もしくは大人になんかなりたくないと主張するピーターパン症候群の一味だと誤解されるのでは？　かといって「俺」もどうか？　初めてこれを読む人に対して「俺」って言葉は威圧的というか、一種のパワハラではないのか？

　このご時世だ。不快感を与えてしまいSNSで炎上する恐れがある。じゃ、「自分」。いやいや石原軍団じゃないだろ。「おいら」は？　タケシさんとキヨシローさん以外使っちゃダメ。「わし」？　広島県民。「おれっち」？　静岡県民もさすがに近年は使わない。「おいどん」？　西郷どん！「わい」？　芦屋雁之助！「我」？　谷村新司！「おら」？　吉幾三！「わたくし」？　政治家か結婚式のスピーチ！「わ」？　青森県民！「うち」？　じゃりン子チエ！「あたい」？　昭和のスケバン！「小生」？　明治の物書き！「拙者」？　武士！

　じゃ、一体どう呼べばいいんだ自分のこと。そもそもこんな呼び方ひとつで頭を悩ませているということが自意識過剰と呼ばれる原因？　誰か教えて。

自問自答

ひとりインタビュー＊革ジャン問題

——寒くなってきましたが毎年これぐらいのシーズンになると必ず言ってることがありますよね。

「うーん、なんだっけ?」

——またまた！　とぼけちゃって。あれですよ。例のはおるやつ。

「ああ、あれね」

——今年こそは買うんですよね?

「そうね。うん、今年こそは」

——で、何を決めたんでしたっけ?

「俺、今年こそ革ジャン買う!」

——ですよね！　さぁ、早速行きましょうよ、今から!

「いやいや、ちょっと待って」

——何を言ってるんですか！　もう革ジャン買うって決めてから何年たつと思ってんですか!

「うーん。どれくらいかな?」

——30年ですよ！　30年！　30年も毎年革ジャン買うって言ってて買ってないんですよ!

「わかってる、わかってる！　けど、そんな安い買い物じゃないんだから、今すぐってわけには……」

——何言ってるんですか！　30年も悩み続けてるんですよ！　30万でも40万でも高くないですよ!

「いやいや、そういうわけにはいかないよ」

——服に5万円以上出すのはうしろめたいって言うんでしょう?

「そうそう」

——そうそうじゃないんですよ！　あなたもう50歳でしょ！　50ぐらいの男は上着だけじゃなく、靴や時計も、5万円以上のものを身に付けるのが普通です！　身に付けてないでしょ?

「うん、確かに。時計に関しては持ってもいないわ」

——やっぱり。それじゃダメなんです！　いっぱしの男としてなってない。行きましょう！　革ジャン買いに。

「値段だけのことじゃないんだよなあ」

——じゃあなんですか?

「いや、そもそも革ジャンが似合わないんだよ、俺」

——今更何言ってるんですか！　30年も欲しいって思ってるんでしょ?

「うん、まぁ」

——だったら似合うとか似合わないとかの問題じゃないんですよ!

「いや、でも今まで何回はおっても似合わなかったんだよ」

――似合わないってどういうこと？

「うん、だから革にそぐわない人っていうかさ。なんかしっくりこないのよ」

――もっと具体的に！

「いや、だから革に負けちゃうっていうか。うん、俺、革に負けちゃうんだよ」

――何を言ってるんですか！　革ジャンは服ですよ！　ただの服なんです！　服に人間が負けるなんてことないんです！　我々は生きた生身の人間なんですよ！　断じて服には負けやしません！

「いや、革ジャンはさ、やっぱり違うんだよ」

――何が？

「もっと背が高くてさ、肩幅とかあってさ」

――小さいサイズの革ジャンだってあります！

「俺、タレ目なんだよ」

――タレ目じゃ革ジャン着れないんですか！

「ほら、やっぱり革ジャンってさ、背が高くて肩幅があってちょっとツリ目ぐらいじゃなきゃダメでしょ？」

――何を言ってるんだ！　さっきから！　小さくてタレ目の人だって革ジャン着てます！　なんだったら今、普通の女の子が平気でWの革ジャン肩にはおって表参道辺りを歩いてます。

「いや、あれは革じゃないじゃん！　合皮だったりするのよ」

――いいじゃないですか。合皮でも。どうせ服なんて見てくれなんですよ！

「いやいや、そこは違うんだよ。革ジャンはちゃんと本物の革じゃないとダメ。それも牛か馬。羊とか鳥はダメなの」

――ん？　何そのこだわり。

「仮にも30年ロックンロールバンドやってるんだよ俺は！　そんな男が合皮や羊じゃダメでしょ？　ましてや鳥って。焼き鳥じゃないんだから」

――牛でも馬でもどっちでもいいですよ。とにかく革ジャンを買うことが先決です！

「なんでそんなに革ジャンにこだわるんだよ」

――30年もロックバンドやってる人が革ジャンの一着も持っていないのはおかしいって言ったのはあなたなんですよ！　バンドマンの正装は礼服じゃなくて革ジャンだって言ったのもあなたでしょ？　そもそも革ジャン一着買うのにそんなに理由が必要ですか！

「うん。革ジャンには理由が必要」

――だから30年もロックバンドやってるんでしょ？　フォークや軽音楽じゃなくてロックなんでしょ？　だったらそれだけで十分な理由ですよ！

「でもなぁ……」

――でも？

「革ジャン着るとズボン、いや今パンツって言うんだっけ？　パンツと靴もそろえないと浮いちゃうんだよね」

――いいじゃないですか！　コーディネ

イトすれば。

「いや、合わせることはできるよ。でも、もし、この先甘いラブソングができちゃったとするよ。そしたら、あいつ革ジャン着てるくせに甘いラブソング歌ってるって影で笑われると思うんだよな」

――考え過ぎ！　革ジャン着てラブソング歌ってる人、腐るほどいますから。そもそも今どきの女の子はラブソング聴きながら革ジャンはおってるじゃないですか？

「だからあれはロック魂がない合皮でしょ？　俺が欲しいのはロック魂の入った革ジャンだから」

――だから何回言わせるんですか！　30年もロックバンド続けてるんだったらもう十分ロック魂入ってます！

「わかったわかった！　わかったよ。ロック魂はある。タレ目でなで肩だけど革ジャンを着る資格もある。そもそも世間の革ジャン着てる人はそこまで考えて革ジャンを着てるわけでもない」

――そうです！

「でもなぁ……」

――今度はなんだ！

「革ジャンだと行動範囲が限られてくるでしょ？」

――どうして！

「ほら、革ジャン着てサイゼリアとか行けないでしょ？　ないもん、革ジャンでドリンクバーとか」

――います！　たくさんいます！　サイゼリヤにもガストにも革ジャン着てドリンクバー、います！

「俺、野菜ジュースが好きなんだよ」

――いいじゃないか！

「革ジャン着て野菜っておかしいよね？」

――何を言ってる？

「革って動物殺してできたものだよね。それなのに野菜ジュースって矛盾してない？　主張が？」

――ん？　なんだ？　どこが？

「動物の革の服着てるんだったらハンバーグかステーキ食べてないとさ。なんか人間がズレるっていうか」

――そんなことまで誰も考えてない！　主張とか堅苦しいことはないの！

「いや、俺、服はメッセージだと思うんだよなぁ」

――世の中の人はそんなこと考えてないの！　もしメッセージだって言うんだったら今後一切革ジャンはおろか、ダウンも革靴も毛皮のコートもダメなの！

「それは困るよ、ダウンはいるよ。寒いもん。冬は」

――でしょ？　だったらいいの。革ジャン着ても。胸張って革ジャン着ていいんです。

「でもなぁ……」

――何がでもだ！

「革ってかっこいいじゃん」

――いいじゃないですか、かっこよくて。

「いや、ほら、かっこいいことはなんてかっこ悪いんだろうって早川義夫さんの有名なフレーズがあるじゃんか」

――だからそれは早川さんの主張であっ

てあんたの主張じゃない。

「いや実は俺も同感なんだよ」

――革ジャン着てる人が全員かっこつけてるわけじゃないの！　そんなにハードル高いもんじゃないから革ジャンて。もっとカジュアルに着ていいものなの！

「カジュアルに着れないだろ？　あんなに硬くてゴワゴワしてるもの」

――着てればなじんでやわらかくなるの！

「古着の革ジャンは嫌なんだよなぁ」

――新品買ってなじませるもんなの！

「最初は硬いじゃん。ターミネーターになるじゃん。俺、チビでなで肩だから、チービネーターになるじゃん」

――そこは我慢なの！　そもそもファッションって我慢するもんなの！　我慢したくなければスウェット上下にユニクロのダウンでもはおってりゃいいだろ！

「ロックバンドのボーカルがスウェット上下にユニクロのダウンってどうなの？」

――バカか！　おまえは！　だったらかっこいいことはかっこ悪いとか言うな！　一生言うな！　革ジャンも諦めろ！　何が30年もロックンロールやってるだ!?　聞いてあきれるわ！　革ジャン着るのにそこまでグチグチ言ってる奴はロックンロールなんかやる資格ねーんだよ！　そもそも、そんな奴が歌ってるバンドなんかロックンロールでもなんでもねーわ！　ただの軽音楽！　Yシャツでも着てチマチマやってろっつーんだ！

豆知識

いつかは着たい
憧れファッションブランド

★Schott（ショット）
ライダースジャケットの代名詞ともいえるアメリカのレザーウェアブランド。ラモーンズやセックス・ピストルズをはじめ多くのロックミュージシャンが愛用。

★Lewis Leathers（ルイス・レザーズ）
イギリスの老舗レザーウェアブランド。セックス・ピストルズのシド・ヴィシャスが愛用していたことでも有名。革ジャンをスタッズやピンでカスタムした通称「シドジャン」は永遠のパンクファッションアイテム。

★Dr.Martens（ドクター・マーチン）
1091年にイギリスで誕生したシューズブランド。耐久性に優れたワークブーツは肉体労働者の支持を集め、その後、ザ・フーのピート・タウンゼントが自身の労働者階級の誇りと反逆的な姿勢の象徴としてマーチンを履き、ファッションアイテムとして浸透していった。

ガラ圭新聞

鈴木圭介
責任編集

第1号
天気　曇り時々雨

総力特集！
革ジャン貸してください！

The Birthday
クハラカズユキ君の赤い革ジャン

２０１０年、ツアー中にドラムのミスターがまさかの骨折！　フラカン史上最大のピンチを救ってくれたのがThe BirthdayのクハラカズユキことキュウちゃんとウルフルズのサンコンJr.でした。キュウちゃんと僕は年齢もデビューも身長もほとんど変わりません。なのに、どうしてこんなに差が出てしまうのでしょうか……。

クハラカズユキ＝1969年生まれ。ドラマー。数々のバンドで活動中。

俺達にサイズはない

圭介　キュウちゃんの革ジャンデビューはいつ？

クハラ　20歳ぐらいかな。THEE MICHELLE GUN ELEPHANTに入るか入らないかの頃。遠藤ミチロウさんが黒のライダースを着てかっこよかったんだよ。身長も同じくらいだって判明して「これはいくしかない」と。

圭介　勇気いった？

クハラ　いったさ。新品だしさあ。雑誌で誰かがライダースにグレーのパーカーを合わせているのを見て、ずーっとそれ真似してた。

圭介　ファースト革ジャンはさ、誰かと会う時に着てくわけ？　それとも一人でコンビニとか行く時に着て慣らしていくの？

クハラ　え？　そんなこと気にしてな

かったけど、新品でゴワゴワだったし、着てればなじむと思って毎日着てたかな。当時はちょうどいいサイズを売っていなくて、何回も乾燥機にかけて縮めたり……苦労したね。

圭介　そうそう、古着屋に行ってもまずサイズで躓くよね。ズボンも今でこそＸＳもあるけど、昔はＸＳはなかった。スリムパンツなんかなかったもん。普通のサイズ着ちゃうとブカブカでかっこつかなくなるし。

クハラ　デビュー当時はそもそもＧパンのウエストとレングスの意味がわかってなかったから、いつもブカブカのパンツ履いててさ。そのせいでデビュージャケットの撮影でロンドンに行った時、ディレクターから呼び出されたもん。

圭介　キュウちゃんだけ（笑）？

クハラ　そう。「あなたの服装はひど過ぎる。明日買い物に行きましょう」って。俺、買い物なんか大っ嫌いだから半ベソかきながら買いに行ったよ。

タッパがなくても革ジャンは似合う!?

圭介　それはツラい……。またミッシェルは身長差が大きかったもんね。確かにあれは残酷だと思ったよ。

クハラ　残酷かぁ（笑）？　１８０㎝超えが2人もいてその中に１６０㎝ちょいがいたらどうしたって浮くよ。ドラムでよかったって思ったね。フラカンは身長差ないじゃない？

圭介　意外とみんな同じくらいなんだよね。でもリーダーは革ジャン似合う。俺が革ジャンを着れない最大の理由はタッパがないからなのよ。でもキュウちゃんもリーダーも似合うってことはやっぱりタッパは関係ないのか……。

クハラ　俺もタッパがないのはコンプレックスだけど、革ジャンて手っ取り早くロックっぽくなれるじゃん。

圭介　それはある。最近は女性でもライダース着てるけど、俺らが活動を始めた30年前なんて、Ｗの革ジャン着てるのはバンドマンしかいなかったもんね。だから革ジャン着たいんだけどさ……キュウちゃん、モヒカンじゃん。それにちょっとツリ目じゃん。

クハラ　モヒカンもロックっぽいじゃん。

圭介　そうね、収まりがいいよね。キュウちゃんはタッパはないけど、目つきが鋭いロック顔だから革ジャンが似合うのよ。俺は「第一印象優しそう」とか言われる顔だからなぁ。そういう優男はダウン着てりゃいいんですよ。ダウンだったら誰でもいける。革は人を選ぶ。キュウちゃんは革に選ばれし男なんだよ。

クハラ　Ｗじゃなくてシングルを着ればいいんじゃない？　それこそマエさんが着てるようなやつ。

圭介　いやリーダーも顔の主張が強いから服に負けないんだよ。

もう50歳なんだから

クハラ　でもさ、いろいろ言い訳を言っているけど、俺達お互い50なんだから好きな格好してもいいんじゃないの？　慣れればすごい楽だし。長持ちするよ。

圭介　逆なんだよ。歳とともにハードルもどんどん上がってくる。これで20代だったらまだ着れたかもしれないけど、50過ぎて自分の身の丈わかってないの?って思われちゃうと人間性まで疑われそうで恐いじゃない。

クハラ　そんなこと言うけど、最近のフラカンのアー写の方がよっぽど挑戦だと思ったよ。ずいぶんポップなことやってるなぁと。

圭介　若作りしてるように見えた!?

クハラ　50迎えるやつがずいぶんカラフルだなと。

圭介　恥ずかしい……。

クハラ　あれができるなら革ジャンなんか全然イケるよ。それに似合ってるじゃん。

圭介　いや、その言葉は信用しない！

クハラ　案外自分よりも人の意見の方が参考になるんだから、そう意固地にならないで……つーか、革ジャンだけでよくここまで話引っ張れるよね（笑）。

結論　身長は関係ない。問題は目力。

けいすけ書房

ベストブックセレクション

URCレコードやエレファントカシマシの音楽と出会って歌詞に対する考え方が変わりました。それまでは音に乗る言葉としか考えていなかった歌詞が、こんな豊かな表現ができるものだったのかと。本は小さい頃から割と読んでいましたが、バンドで歌詞を書くようになってからは、より言葉に敏感になっていったと思います。

その時の気分によって変わりますが……。

【書籍】
小林信彦『おかしな男　渥美清』
町田町蔵『供花　町田町蔵詩集』
早川義夫『たましいの場所』
ジョン・ライドン／田村亜紀訳『ジョン・ライドン新自伝　怒りはエナジー』
寺山修司『ポケットに名言を』
梶井基次郎『檸檬』
中島らも『頭の中がカユいんだ』
森山大道『犬の記憶』
大里俊晴『ガセネタの荒野』
菅原庸介『蜥蜴の迷宮　若き爬虫類にささぐ』

【漫画】
畑中純『まんだら屋の良太』
鈴木翁二『オートバイ少女』
永島慎二『フーテン』
つげ義春『ねじ式・紅い花』
小山ゆう『がんばれ元気』
高森朝雄原作／ちばてつや画『あしたのジョー』
ジョージ秋山『パットマンX』
上村一夫『同棲時代』
土田世紀『俺節』
いましろたかし『ハーツ&マインズ』

社説

圭介人語

キュウちゃんは同い年で背丈も近いから、服のサイズに関する悩みが共通していて話が弾みました。今でこそ小さいサイズの服も当たり前に店頭に並ぶようになっていますが、30年前は本当にジャストサイズの服を探すのが大変で、カジュアルの服ですら大変なのに革ジャンのジャストサイズなんて絶望的になかった！▼その困難を乗り越え、今、革ジャンの似合う男になっているキュウちゃんを尊敬しますし、同時に嫉妬もしてしまいました。それは革ジャンだけではありません。携帯電話も、ついこないだまでお互いに折りたたみ式携帯電話を使ってチマチマとボタンを打っていたんです。▼しかし今、キュウちゃんは、スマホのタッチパネルを軽々とヒュンヒュンし、LINEを楽々とやり、画素数の高い写真を嬉々としてブログにアップしています。正直、羨ましい……。

連載

けぃ散歩 第1回

デビュー当時を振り返るin巣鴨

東京に進出し、メジャーデビューを果たした1996年。

上京し初めて住んだ街は世田谷区上町。そのあと30歳ぐらいまで5年近く暮らした街が文京区白山です。この街はけぃさんの思い出がいっぱいです。

「あの頃は結構忙しくて、家に帰るのが真夜中になることもしばしばでした。だから昼間の街歩きはなかなかできなかったんです」

そんな当時の日課は真夜中のランニングだったそうです。白山～巣鴨まで、けぃさんが駆け抜けた道を20年ぶりにたどります。

昔ながらの商店が並ぶ白山駅前の通りを歩いているとレトロな自動販売機を発見。気合を入れてまむしドリンクを買おうとするけぃさん。でも、残念ながら販売中止になっていました。

巣鴨駅に向かって歩いていくと、児童書の老舗出版社、福音館書店が。ショーウィンドウには「ぐりとぐら」や「はらぺこあおむし」などの懐かしい絵本が並んでいます。

「母が買ってくれたものばかりです。うちは漫画は全然買ってもらえなかったんだけど、その分活字の本とか絵本はたくさん買ってくれて、よく読んでました」

けぃさん、なんだか嬉しそうです。

白山から歩き始めて30分、巣鴨駅前に到着。けぃさんが20代の頃によく通っていた成文堂書店さんはこの日も賑わっていました。

「ここで「こち亀」全巻大人買いしたなぁ。いい仕事をした日は隣の松屋で牛焼肉定食を食べるのが自分へのご褒美でしたね」

街歩きをしながら、思い出の本について楽しそうに語るけぃさんでした。

みんなの声

【ご意見・ご要望】

高1か高2の時から借りっ放しのアイアン・メイデンの3rdアルバム「魔力の刻印」なんだけど、そろそろ返した方がいいかなぁ？

それとも、このまま俺が借りパクしとってもいいのでしょうか？

（グレートマエカワ／ベーシスト／50歳）


【回答】

あのレコードは中1の時に初めて買った洋楽のレコードです。僕の思い出とともに永遠に預かっておいてください。たまにプレイヤーで聴いてくれると嬉しいな。


【ご意見・ご要望】

限界ぎりぎりのパフォーマンスを終え、転がり落ちるように楽屋に戻ったあなたは、しばらく放心してから、ドライヤーを持つ手も重たく汗でびっしょりの髪を乾かし、ステージの靴もじっくり乾かします。

楽屋に充満する蒸れた匂いと哀愁。

そこで、靴ドライペットなんかはいかがでしょう？ 丸めた新聞紙も効果ありそう。

プレゼントしますよ。検討してみてくださいね。

（竹安堅一／同僚／50歳）


【回答】

え？ 俺の靴、臭くないでしょ？ 一応毎回確認してるよ。でもドライペットくれるならありがたく頂戴します。

あと昔借りたMC5のCD、だいぶ前に売っちゃった！ ごめん！

悩み相談

Q、第一志望の会社に内定が決まりました。最初は嬉しくて舞い上がっていたのですが、憧れが強過ぎて、入社したら理想と現実のギャップに絶望してしまうのではないかと心配です。
（Hさん／学生／21歳）

A、僕も憧れのミュージシャンとは距離を置きたいタイプなので気持ちはすごくわかります！ 一生ファンでいたいですからね。でも職場じゃ距離を置くわけにはいかないか……。
期待値が高いと下がるだけなので、入社前に底辺まで落としておくのはいかがでしょう？「どうせブラックだろ！」と、毎日唱えましょう。

期待値を底辺に持っていけば、どんなことがあっても受け入れられます！

ひとりインタビュー＊居酒屋問題

——忘年会シーズンになってきました。毎日呑みまくってんじゃないですか？

「行ってないよ、ひとつも」

——なんでですか？

「バンドマンに忘年会なんてそもそもあるのかなぁ？」

——誘われないだけでは？

「ああそうか」

——まあ打ち上げもありますしね。

「うん。でもそれもあんまりというかほとんど行ってない」

——なんでですか？

「打ち上げってライブの後にあるじゃんか？　ただでさえライブでたくさん歌って喉を酷使してるのに、その後お酒呑んでワイワイ喋ったりしたら喉が大変じゃんか」

——へぇー。じゃ喉を休めるために打ち上げには出ないんですか？

「うーん、まぁ、そういうことになるか」

——へぇー、デリケート！

「いやいや、そういうのじゃないんだって。むしろワイルドで鈍感」

——へぇー、じゃあプロ意識！

「いや違うって！　プロ意識とかそんなの持ったことない」

——へぇー、じゃあ人間嫌い！

「いやいや、人間嫌いだったらバンドとかそもそも無理だろ！」

——じゃ、孤独好き!!

「なんだよ孤独好きって！　そもそも人間なんてみんな孤独だろ本質的には」

——じゃなんですか？

「だから喉を休めたいっていうのと、」

——と？

「うーんまぁゆっくりしたいっていうのと、」

——と？

「うーん……いろいろあるじゃんか、席の並びとか」

——席の並び？

「いや、ほら、だからさ、居酒屋の座敷だったりすることが多いんだよ。そうすると、ほら、自分がどこに座るかとか、そういうこと」

――そんなの早く着いた人から順に奥に詰めていけばいいじゃないですか？

「まぁ、そういう訳にはいかないでしょ」

――なんでですか？

「メンバー4人で固まっちゃってもさ。今更話すことなんてないんだよ」

――だったら対バンの人達やスタッフの人とかいろいろいるじゃないですか？

「うん、まぁ、そうなのよ。でもそうなるとどこに自分が座ればいいのかとか気になっちゃってさ」

――イベンターさんに席を決めてもらえばいいじゃないですか？

「うん、まぁ決めてくれればそこに座るけど、そうじゃない場合もあるからね」

――そんなの最初は適当に座って、乾杯してから動いたらいいじゃないですか？

「うん、まぁ、そういうやり方もあるけどね。でもどのタイミングで動けばいいか、とかさ」

――適当でいいんですよ。

「いや、でもたまたま隣に座った対バンの人と話すとするよ？　その話の途中で自分から他の場所へ動くなんて失礼じゃんか？」

――失礼でもなんでもないですよ！　そういうもんですって。打ち上げとか。

「いや、わかってんだけどさ頭では。実際そんなにうまくいかないことが多いんだって」

――だったら同じ席にずっといればいいじゃないですか？

「それはそれで相手に気を使わせちゃうじゃんか。相手がもっといろんな人と話したいと思ってたとするよ。でも俺がずっと席を変わらないと相手も動けないかもしれないし。束縛してるみたいじゃん」

――だったら自分から変わればいいじゃないですか？

「だからそのタイミングが難しいのよ。相手が話してる途中は難しいし、自分が話している途中もおかしい。ちょうど相手の話と自分の話が一段落ついた時しかチャンスはないんだよ」

――そんなこといちいち考えるかなぁ？　じゃ、トイレに行って帰ってくる時にさりげなく別の席に行けばいいじゃないですか？

「それ、もし自分がやられたら、あ、俺と話しててもつまらないから他へ行ったんだなと思うから、相手も同じことを思うと思うよ。傷付けちゃうじゃんか？」

――そんなことでいちいち傷付いてたら生きていけませんよ！「他の席にも行ってきなよ」って言えばいいじゃないですか？

「そんなこと言ったら、あなたと話していてもつまらないから他の人のところへ行ってくれ！みたいじゃんか」

――じゃ、一緒に他の席に行こう！って言ったらいいじゃないですか。

「そんなこと言ったら、あなたと話しててもつまらないから他の席に行きたいんだけど、それを言ったら傷付けちゃう恐れがあるから本当は一緒に行くのは嫌なんだけど仕方なくそういう言い方をしましたって思われるじゃん！　そもそも一緒に他の席へ行っても場所が変わるだけで同じだよ！」

――じゃ、打ち上げが始まってから終わるまでずっと同じ席にいるんですか？

「うん、大体そうかな」

――隣に座った人も？

「うーん、それは時と場合による。変わったりする時もあるし、人が増えたりすることもある」

――ほら、それが普通なんですって。

「だから、そういうことをいちいち考えると疲れるから打ち上げに行くのが億劫になっちゃうんだよ」

――ふーん、もしかして、そもそも自分のことを面白い人だと思ってる？

「いやいや、そんなことは全然思ってない」

――だったら席を移動されたって全然平気じゃないですか？

「俺は全然平気なんだけど、相手にそう思わせたら悪いでしょってことよ」

――そんなことは考えないですって！　たかが席順ごときで。

「小学生の時の席順を思い出してみなよ。席順によって毎日が天国にも地獄にもなったじゃんか？」

――あんた今いくつでしたっけ？

「50かな」

――もっと考えることは他にあるでしょ！

「いやいや、席順って人とのコミュニケーションにおいて最初に当たる壁じゃんか！　そこをちゃんとできないと日本はおろか、世界のことも考えられないって！」

――50にもなって打ち上げの席順て！

「決して小さい問題じゃない。今世界中で起きてるほとんどの事件や紛争は人間同士のコミュニケーションが原因なんだよ！」

――いきなり世界って言われても。

「世の中のほとんどの悩みや歪みはコミュニケーションによる摩擦。仕事だって学校だって結婚だって国家だって、みんな問題が起こる時はコミュニケーションが原因だから！」

――だからって……。

「その初めの一歩が席順なの！　むしろ、そこを悩まずに何も考えずにやれる人っていうのはガサツで野蛮な人なの！　そういう言動や行動が摩擦の原因を作るの！　だから打ち上げの席はとても重要！」

――うーん、なんか話をすり替えられている気もするな。

「どこがだよ？」

――あんた本当は自分のことを面白い人だと思ってる。でももし面白くないと思われたら嫌だから、そう思ってることを認めないくせに、相手が席を変わるのを自分のせいじゃないかと気にする。さらには世界の歪みはコミュニケーションが原因だとか話を大きくしてごまかしている。ただの臆病者なんだよあんたは！

「言ったな！　それを言うならこの世界

に臆病者じゃない人間なんかいるのか！　ナポレオンだって信長だって本当は臆病者なんだぞ！　それにな、みんな言わないだけで自分のことを面白いと思ってる絶対に！　そうじゃなかったら芸人さんのネタで笑ったりしない。ネタが面白いから笑ってるんだけど、それを面白いと思った自分も面白いと少なからず思ってるはずなんだよ。あと、笑えない芸人さんのネタを見た時に自分ならこうするのにとか絶対にみんな思っているはず！」

――そんなことねーだろ！

「あるの！」

――ない！

「ある！」

――結局ただ打ち上げに行くのめんどくさいから理屈こねまわしてるだけだ！

「違う！」

――いや、そうだ！

「断じて違う。俺は本質的なことを言ってるだけだ。むしろ本質をつかれたお前はヤバいと思って俺を否定している」

――いいですか！　これ、一人の会話なんです。脳内会話。そこに本質がどうしたとか何言ってんだ！

「自分同士の会話だからこそ、ちゃんと話し合わないとダメなの！」

――正直めんどくさいのよ、さっきからずっと。打ち上げに行かない言い訳をなんでこんなにこねくりまわして聞かされないといけないんだ。ただのめんどくさがりやなんだよ！

「それは認めるよ」

――ん？　そこは認めんだな？　で、理屈屋だな。

「うん、それも認める」

――じゃいいや。そっちがそうならこっちもそういう人にはそういう付き合い方するから。

「なんだよ、それ。それが自分に対して言う言葉かよ？」

――自分に対してだから言える言葉だよ！　金輪際お前とはそういう付き合い方で接する。

「なんだよ、それ。ちょっと寂しいじゃねーか」

――知るか！　自分で蒔いた種だ。

「種なんか蒔いてねーよ！　春でもあるまいし」

――ほら、すぐそうやってはぐらかす！　そういうところも含めてだ。

「待て待て！　わかったよ。改めるよ」

――改める？

「うん、もう理屈も言わないし、めんどくさいことからも逃げない。打ち上げも行くよ」

――本当か？

「本当だよ。だからそんな言い方するなよ」

――うん、わかった。じゃ、普通に付き合ってやるよ。

「普通に付き合うってどういうこと？　そもそも普通ってなんなの？」

――だからそれが理屈っぽくてめんどくさいって言ってんだバカ！

総力特集！

革ジャン貸してください！

ガラ圭新聞

鈴木圭介
責任編集

第2号
天気　曇り後晴れ

怒髪天 増子直純さんの馬皮の革ジャン

俺達のオシャレ番長、増子直純さん。この日の革ジャンは革ジャニストの最高峰ホースハイド（この革ジャン、とんでもなく重かったです）！ 増子さんがこれまで愛用してきた革ジャンは30着以上とのこと（レベルが違いすぎて震えました）。そんな増子さんに、僕のようなチービネーターでもイケるスタイリングを教えてもらいました！

増子直純（ますこ・なおずみ）＝1966年生まれ。ロックバンド怒髪天のボーカル。

服は一揃えで買え！

圭介　僕の理想はやっぱりロンドンパンクなんですよ。でも50歳でいきなりDr. Martensなんか履いちゃったりしたら笑われそうで……。

増子　そんなことないって！

圭介　実は一足だけ白いブーツを持ってるんですけど、履くのは札幌に行く時限定です。雪だからスニーカーだとキツいんで。

増子　白!?　逆にハードル高いわ。

圭介　たまたま中古屋に行ったら8千円くらいで売ってて。サイズも合うし、これならいけるかも！って。

増子　ダメだよ、そういう適当な買い方したら!!　白はなかなか手強いよ。俺も履いていたことあるけど、合う服ってなかなかないから。

圭介　そうですか？　僕は普通にダウンとこれで札幌の街を歩いてますけど。

増子　なんだかフィギュアスケートの人みたいだなぁ（笑）。
圭介　そう思われてたのか……。
増子　服を買う時のセオリーのひとつは単品で買っちゃダメってこと。帽子から靴までまずはまとめて1セット買う。その上で靴だけはこれにしてみようとか、ちょっとずつパーツパーツを変えていくのがいい。もっと言えば髪型だって変えないと。
圭介　大作業じゃないですか！
増子　でもある程度目安がつけば楽だよ。これでいけば外さないっていうコーディネートがあれば。一度、店員の人におまかせでコーディネートしてもらえば？
圭介　そんなことしたらTwitterで「今日なんかフラカンってバンドのダセぇ奴が来ちゃったんだけどw」とか言われませんか……。
増子　お店やってる人はそんなこと言わないから（笑）。

安物はバレる

増子　好きなバンドの写真を見ればコーディネートの仕方もわかる。これならクラッシュとかラモーンズとか。
圭介　ただ50歳にはハードルが高くて……。この歳で革ジャンデビューってのが僕の中で全体像が見えていなくて、わかりやすい見本があると。
増子　所ジョージさんじゃない？　アメカジっぽい感じ。
圭介　そうか、所さんか……。
増子　ロンドン系は難しいかもしんないけど、アメカジなら似合うと思うよ。ただアメカジは、安いものを買っちゃいかんね。安いのはすぐにわかる。
圭介　……僕、H&MとかGUに行きがちなんですけど。
増子　50歳ともなればこれから先の食事の回数も決まってるし、着れる服も決まってるよ。妥協のないものでいかないと、時間がもったいない。革ジャンは高いけど一生モノだから。
圭介　でも僕、ずっと疑問に思ってるんですけど、一生モノの買い物って本当に一生使うんですかね？　20年前ぐらいにロレックスとかオメガが流行って、みんな一生モノだからって40万円ぐらいするのにバンバン買ってましたけど、でも今誰も付けてないんですよ。まぁ僕の周りだけのことですけど。果たして革ジャンも一生着るのだろうかと……。
増子　ロレックスは商売道具じゃないもん。革ジャンはロックバンドの商売道具だよ。大工がカンナに金かけんのと一緒でさ。

オシャレを殺す

圭介　怒髪天やThe Birthdayにとっては商売道具のひとつですよね。僕みたいなタルタルのダウンを着てる奴がいきなり革ジャン着出したら「あいつ潤いやがったな」って思われます。

増子　今時、革ジャン買ったぐらいで潤いやがったなんて誰も思わないよ。Wの革ジャンはハードル高いけど、今は形も豊富だし、自分が似合うって思える服の素材違いを買うのもいいかもしれないよ。そもそも気に入ってる服ってあるの？

圭介　いや……そんなに気に入っている服があるわけではないですけど、2年に1回はダウンを買うっていうのは自分の中のルールとして決めてます。上着を1年に1回は買い過ぎ！

増子　ダウンはオシャレをダメにするって知ってる？

圭介　え！

増子　有名な格言だよ。ダウンを着ちゃうと他を着なくなるの。俺も一時期ダウンを着てたけど捨てたよ。ダウンしか着なくなるし、ダウンありきの格好しかしなくなるから。

圭介　そうなんですよね。でもダウンって軽くて値段もそんなしないし、あったかいからなー。

増子　オシャレは我慢だよ。

圭介　所さんみたいな格好でダウンってあり得ますかね？

増子　何度でも言う。ダウンはオシャレを殺す。

結論 ダウンを捨てる……しかないのか。

けいすけCINEMA

ベストムービーセレクション

昔は物語の面白さに惹き付けられて観ていましたが、最近はいろんな人が関わった上で完成している、共同作業の集大成として映画を観ています。ものすごい多くの人が関わってこれができているんだと思うと、自分の好み関係なくぐっときます。

映画は自宅鑑賞派です。トイレの心配がないので……。

【邦画】
山田洋次「遙かなる山の呼び声」／「男はつらいよ　寅次郎相合い傘」
相米慎二「魚影の群れ」
黒澤明「用心棒」
中島貞夫「狂った野獣」
五社英雄「薄化粧」
寺山修司「書を捨てよ町へ出よう」
藤田敏八「八月の濡れた砂」
磯村一路「がんばっていきまっしょい」
山中貞雄「丹下左膳餘話　百萬両の壺」

【洋画】
マイケル・アンダーソン「オルカ」
ワリス・フセイン「小さな恋のメロディ」
バズ・キューリック「ハンター」
バート・レイノルズ「シャーキーズ・マシーン」
エドワード・ヤン「牯嶺街少年殺人事件」
ケン・ローチ「ケス」
ハル・アシュビー「さらば冬のかもめ」
ウィリアム・フリードキン「フレンチ・コネクション」
ラッセ・ハルストレム「マイライフ・アズ・ア・ドッグ」
チャールズ・チャップリン「モダン・タイムス」

社説

圭介人語

増子さんの革ジャンは、とにかく半端なく硬く、そしてまるで宇宙服のように重たかった（宇宙服、着たことないけど）。何しろ、革ジャンを地面に置くと立つぐらいです。しかし、見た感じは全くそういう硬い服には見えません。むしろしなやかで柔らかそうに見えます。そこが馬皮の魅力なのでしょう。▼甲冑かっていうぐらい重たく硬い革を、何年も着続けることによって、体になじませ、少しずつ自分だけの革ジャンに育てていくという作業。その過程こそが革ジャンを着るということの醍醐味。これは、もはや上着という概念を超えて、新築の家、もしくは新しいバンドのようだと思いました。▼そして、その正反対にあるのがダウンジャケット……。「ダウンはオシャレをダメにする」「オシャレは我慢」、格言がビシビシと体の芯まで響きました……。この対談の少し後に、増子さん⬇

から「くたびれ具合がちょうどいいブーツがあるから、もし履くならあげるよ」と。レッド・ウィングのアイリッシュセッターという革のブーツで、アメカジの基本中の基本です。ありがたく頂き、まずはそのブーツを履き込んで自分だけのブーツに育て上げます。先輩、優しいっす！　ありがとうございます！　押忍！

連載

けぃ散歩　第2回

デビュー当時を振り返るin巣鴨

一際目を引く〝スタミナラーメン〟の看板に思わず足を止めるけぃさん。

「外食はワンコインで抑えるんですけど、たまに贅沢しようって時はここに来てました。といっても千円以下ですけどね」

おじいちゃんとおばあちゃんの竹下通りこと地蔵通り商店街へ。

「僕がランニングするのは真夜中だったから開いているお店はなかったけど、人

がいた気配は残っていて、誰もいないんだけどなんか落ち着いたんですよ。それにいつも人がいっぱいいる場所を思いっきり駆け抜けるって気持ちいいでしょ」

そんなけぃさんが唯一よく通っていたお店がレンタルビデオ屋さん。今はもう別のテナントが入っているビルを指差し、

「あそこの2階にビデオ屋が入ってて、よく通ってました！　店員さんより僕の方が棚の配置を把握してて、店員さんがお客さんに聞かれて困ってると本当に教えてあげたかったな」

巣鴨といえば、とげぬき地蔵。病気が治るというご利益で名高い高岩寺へ。お参りはせずベンチに直行、神様よりもお医者様、現実主義者のけぃさんです。

「夜中に散歩する時はよくここで休憩していました。ぼーっとしてるといろいろなことが浮かんできたりもして。夜中のこのベンチは落ち着くんですよ」

ちなみにこの日、けぃさんが履いていた靴は増子さんからのプレゼント。増子さんのアドバイスに背中を押され、まずは足元からお洒落に挑戦するけぃさんでした。

みんなの声

【ご意見・ご要望】

あなたの背中を見続け35年……ずいぶん経ちましたが、今更の質問です。

これからも添い遂げるために、わたくしミスター小西へのご要望がありましたら教えて頂けませんか？ もちろん、オブラートに包んだ言葉でお願い致します。

（ミスター小西／フラワーカンパニーズのドラム／50歳）

【回答】

ご要望？ 特にないけど、あえて言うなら楽屋での煙草は控えてください。あと取材で喋る時はもう少し端的にまとめた方がいいかな。あと酔っ払うと調子に乗り過ぎるところがあるのでほどほどに。骨折とかね。あと、……もういいか！ オブラート忘れた！ メンゴ！

【ご意見・ご要望】

齢とるといろんなことがどうでもよくなるので特にありません（笑）今のままでいてください。

しかし「今のまま」が難しいね。声、頭髪、しわ、やる気、器、人の心動かす言葉と曲、etc.

でも20代からあまり変わってないから大丈夫！ 望むべくは「このイイ感じで50代もライブして欲しい」私からは以上です。

（清水裕／ライブのお世話／51歳）

【回答】

特にない（笑）。ありがとうございます。なるべく「今のまま」を保ちつつ、老いていきたいと思います。

悩み相談

Q、絶対笑ってはいけない場面で笑ってしまい、いつも怒られてしまいます。先日も祖父のお葬式で吹き出してしまいました。お坊さんの耳たぶにおはぎがへばり付いていて、どうしても我慢できなかったのです。どうすれば笑いを抑えることができますか？

（Yさん／学生／21歳）

A、葬式で吹き出すなんて寅さんみたいで最高じゃん！ しかし葬式でお坊さんの耳たぶに注目するなんて観察眼が鋭いですね。Yさんは笑いを我慢できない人ではなくて、笑いを見付ける才能がある人なんじゃないかな。羨ましい……。その才能を押し殺してしまうのは勿体ないかと！ これから笑いそうになったら書き留めておくってのはどうですか？ 放送作家とか向いてそうな気がします！

ひとりインタビュー＊スマホ問題

――こうやって見渡すとほとんどの人がスマートフォンいじってますね。

「そうだなあ。もう当たり前の光景になっちゃったよなあ。4、5年前は本読んでる人が2、3人はいたのに」

――今この車両には一人もいないですよ。

「みんな本も読まなくなってるってことか。活字離れって言葉、最近よく聞くしな」

――でも活字離れって言う割にはSNSでは文章読んだり書いたりしてますよね。

「確かに。それに芥川賞とか直木賞とか、本屋大賞とかも前よりテレビで見る機会が増えた気もするな」

――スマホで読むんじゃないですかね？

「電車でスマホいじってる人はみんな何か読んでるってことか？」

――もしくはSNSになんか書き込んでるとか？

「ゲームとかYouTubeとか見てるんじゃないのか？」

――そうか！　そうかも。言われてみれば、みんなゲームやってる目をしてますね。

「ゲームをしてる目って何よ？」

――あるでしょ？　眼球がインベーダーみたいになること。

「あるか！　いちいちそんな腐りかけのネタみたいなもん放り込んでくるな」

――それにしてもこの車両で本読んでるのあなた一人ですよ。

「確かに」

――それも文庫本じゃなく、ハードカバーの分厚い本。

「これ電車の中で読みづらいんだわ」

――スマホは？

「いや俺はまだそっち側じゃないから」

――なぜ？

「なぜ？　なぜって？」

――いや、なんでスマホに変えないのかなって。

「変えなきゃいけないのか？」

――そんなことはないですけど、今もうほとんどの人がスマホ側ですから。

「ほとんどの人がスマホだから、俺も変えなきゃいけないわけ？」

――そんなことはないですけど、何かこだわりがあってガラケーのままなのかなって。

「こだわりがないとダメなのか？」

――いや、そんなことはないですけど。

「そもそもガラケーって何よ？　ガラパゴスがどうしたとか、そういう意味だよな？　違うから。俺が使ってるフォンは。

正式名称、フィーチャー・フォンだからな」

――フィーチャー・フォン？

「そうよ。だからスマートフォンをスマホって略すなら俺の携帯電話はフィチャフォだからな」

――フィチャフォって……。韓国料理じゃないんだから。

「3年前に新しいタイプに変えたばっかりだから」

――3年前に？　ガラケーからガラケーに変えたんですか？

「そうだよ」

――なんでそこでスマホに変えなかったんですか？　勧められるでしょ？　スマホに変えましょうって。

「勧められたわ。さんざん。でも丁重に断って、今のフィチャフォにした」

――なぜ？

「なぜ？　俺が逆に聞きたいわ。なぜスマホなんだみんな？」

――便利だからでしょ！　スマホひとつあればなんでもできるんですよ？

「俺、別に今のフィチャフォに不便を感じてないから」

――いやいや、こんなハードカバーの本読まなくたってスマホでも本読めますから！

「俺、ハードカバーの手触りが好きだから」

――右手がプルプルしてんじゃないですか！　無理ありますって、ハードカバーを電車の中で立って読むって。

「筋トレにもなる」

――なるか！　あ、ゲームできますよ？

「全く興味ない」

――YouTube見れますよ？

「NO興味」

――LINEとか。

「既読問題めんどくさい」

――食べログとか？

「チェーン店しか行かない」

――TwitterとかFacebookできますよ！

「いいね！　なんて思わない。日常生活で」

――いろんな人と共有できるんですよ。気持ちとかいろいろなこと。

「共有はライブでお客さんとしてるから必要ない」

――あ！　地図！　あんためちゃくちゃ方向音痴じゃないですか！　何回もありますよね、集合場所迷って遅刻したこと。

「それはある……」

――スマホだと自分が今どこにいるかとかもわかるんですよ！

「前もって地図を送ってもらうから大丈夫」

――地図見ても自分がどこにいるかわからなくなるじゃないですか！　だから何回も迷ってるし、こないだ名古屋のライブハウス行くのにも迷って、コンビニの店員さんに聞いたでしょ？　その前はスタバわからなくて、弁当屋さんに入って聞きましたよね？　それ両方とも地元の名古屋ですよ！　あり得ませんよ、普通。50のおっさんが道を聞くって。

「そうかな……」

――それに地図送ってもらうにも、あんたのガラケーじゃ見れないこともあったよな？　地図だけじゃない、音源とか資料とかも容量オーバーで届かないことしょっちゅうあるよな？　正直、メンバーもスタッフもめちゃくちゃめんどくさいのよ！　あんたがスマホに変えたら、みんなもかなり楽になるわけ！

「待て待て！　落ち着け！　もし俺がスマホにしたとしてだよ。操作がわからなくなって画面が止まったらどうすんだ？」

――フリーズのこと？　一回、電源切っちゃえばいいんですよ。

「電源の切り方がわからなかったらどうすんだ？　そもそもスマートフォンには説明書がないらしいじゃんか！　おかしいだろ！　あんなに高い電化製品に説明書がないってのは！　不親切すぎるわ。俺のフィチャフォには分厚い説明書がちゃんと付いてきたからな」

――そもそもそんな分厚い説明書読むか？　どうせ読んでないだろ！　使い方は大丈夫なの！　子どもも老人も使えるように簡単にできてる！

「でかいし、重い。あとよくみんな落として画面バキバキになってる」

――そんなもんは慣れる！

「ストラップが付けられない」

――そんなストラップにこだわるタイプじゃねーだろ！

「あれがないと、持つ時引っかかりがなくて落とす」

――慣れる！

「ボタンじゃなくてタッチがな……」

――慣れる！　全部慣れる！　見てみなよ！　あそこの席のおばあさんなんか明らかに70歳超えてる。でもスマホ使ってる。誰でもその気になればできるの！

「いや待て、もう一度よく考えろ。俺は携帯電話は欲しい。でもスマホって携帯電話じゃないよな」

――携帯ですよ、何言ってんだ？

「いやあれはコンピューターがメインだろ？　コンピューターに電話の機能が付いてるんだろ？」

いいじゃないですか！　一緒ですよ。

「メインが逆になってるって言ってんだよ俺は！　俺が欲しいのは電話であってコンピューターじゃない！　スマートフォンは本当はフォンじゃない！　スマートコンピューター！　すなわちスマコなんだよ！」

――いいじゃないですか！

「スマコって名前だったら誰も持たないだろ！　女子高生とかスマコって名前だったらかっこ悪いから使うのやめるって」

――何それ？　下ネタ言ってんの？　バカじゃないの。いいんだよ、便利なんだから。そのうちみんなスマホになるんだ。

「それがよくない！　一回便利になったら、もう戻れなくなるんだぞ！　頭悪くなるぞ！　人間腐るぞ！」

――コンピューター使うと、頭悪くなる

とか、そういう思想はもう古いわ！　頭悪くならないし、人間も腐らない。

「嘘つけ！」

——いいよ、じゃあもう。あんたずっとその折りたたみのフィチャフォ使ってりゃいい！

「いや、待て！」

——なんだよ！

「最近ドコモショップからやたらスマホ教室のお知らせメールが来るんだわ」

——それが？

「実はちょっと気になってる。でも、そのタイトルがちょっと引っかかってる……」

——何？

「はじめてのタブレット……」

——いいじゃない、はじめてなんだから。

「はじめてのおつかいみたいでちょっとな……」

そんなこと誰も考えてねーわ！

「50の男がはじめてのって……」

——じゃ、やめな。

「いや、待て」

——何？

「最近新しいバンドマンと知り合ってメールアドレスの交換とかしても、みんなあんまりメールしないみたいで……」

——めんどくさがられるんだろ？

「赤外線とか……。ちょっと笑われて恥ずかしい……」

——みんなもうＬＩＮＥなの。

「そうなの。それにメールしても返信がないことがたまにあってさ」

——メール読んでないんだろ？　それをもしかして嫌われて無視されてるのかと勝手に思ってたら一週間後ぐらいに、メール読んでませんでしたって返信が来るんだろ？

「そうなの」

——みんな、もうメールは見てないって。迷惑メールばっかりだからＬＩＮＥなんだよ。フラカンのメンバーだって、あんたがスマホに変えてＬＩＮＥをやるようになったら、グループＬＩＮＥできるって言ってんだよ！

「そうか……」

——インスタとか、やってみたら面白いかもしれないじゃん。

「そうかなあ……」

——素直になりなよ。頑固親父はこの業界取り残されるだけだよ。

「ちょっと考えてみよっかな」

——行きなよ。スマホ教室、はじめてのタブレット。悪くないと思うよ。

「一緒に行ってくれる？」

——当たり前だろ！　仲間じゃないか！　って、これ全部俺だけどな。

「勇気出すかな」

——出せ出せ勇気。

「じゃ、行く時連絡するわ」

——おう、待ってる。

「メールで送るけど、見てくれよな」

——わかった、わかった。

「じゃ、スマホ教室で」

——はいはい、じゃ！

ガラ圭新聞

鈴木圭介
責任編集

第3号
天気　快晴

総力特集！
革ジャン貸してください！

SA
TAISEIさん、王道の革ジャン

俺達中部地方出身バンドの大先輩、SAのTAISEIさん！　ロックの王道・Wの革ジャンで登場。僕の革ジャン姿を見て一言「似合わないね」……最終回にしてついに出てしまった結論。やはり僕は革に選ばれない男なのでしょうか。革ジャン道を極めたTAISEIさんに革ジャンに必要なロック魂とは何か、教えてもらいました。

TAISEI（タイセイ）＝1967年生まれ。パンクロックバンドSAのボーカル。

問われるのは中身

TAISEI　最初に言っておくけど、革ジャンを着るってことは、ロックを背負わないといけないってことなんだよな。

圭介　……それなりの覚悟が必要。

TAISEI　シド・ヴィシャスだってどこのブランドでもないそこらへんに売ってるのを着てるけど、あの人が着るとかっこいいわけじゃん。中身がかっこよかったら、服なんかなんでもいいわけよ。俺、30着ぐらい革ジャン着てきたけど、たどり着いたのはそこね。なんでもない革ジャンを着こなしてる奴が一番かっこいい。

圭介　それはでもTAISEIさんのように経験してきた人の答えじゃないですか。僕の場合は初革ジャンだから、そのへんのやつ着ちゃうと、革ジャン着なれていないのがバレちゃいます（笑）。

TAISEI　おろしたてのピッカピカ

の革ジャン着てるやつかっこいいと思うよ。ヒップホップの連中が着てるような、革ジャンのことよく知らねぇけど着てるみたいな。こだわりがあるのはいいんだけどさ、Lewis Leathersで20万で買いましたとか、Shottの50年代のモノですとか言ったって、結局お前がかっこ悪かったらダメじゃん。急にルイス着たら変やで？　金あんのかい！　って言われちゃうから。

圭介　そうなんですよ！　こいつ儲けやがったなっていう。

TAISEI　メタルの人がよく着てるような、わけわかんない革ジャンも結構いい。メタルはWだったらなんだっていいんだから。デブが多いからハイブランドの細身な革ジャンは着れないじゃん。そうするとどっかのアメリカのバイク屋みたいな革ジャンが多いんだけど、それがキマってたりするわけ。ロックとかパンクの方がこだわりが強すぎてタチが悪い。

圭介　こだわりが全面に出てしまうと浮いちゃうのか……。

TAISEI　そう。ラモーンズみたいなShottを着るわけだけど、君はラモーンズじゃないからっていう（笑）。でも俺もさんざんやってきてたどり着いた答えだから気持ちはすごいわかるけど、なんにも背負わずに着るのが一番かっこいい。圭介はピッカピカのShottから始めようぜ。

背が低い？最高じゃん！

圭介　でも僕、背が低いので……。

TAISEI　最高じゃん。ちっちゃい奴ってピカピカのガチの革ジャンが似合うよ。俺らの世代でいったら藤井フミヤ。昔、ちょっと大きめのガチの革ジャンにインナーはボーダー、ジーパンは501でちょっと大きめのラバーソウル履いて結構かっこよかった。ちっちゃい人がタイトフィット着るとよりちっちゃく見えちゃうでしょ？　タイトより少し余裕がある方がいいんだよね。カジュアルに着れるし。俺はデカいからそういうのは無理なんだよ。

圭介　その視点は発見でした！　ちっちゃいが有利に働くことがあるのか。

TAISEI　スチャダラパーとか藤原ヒロシだってちっちゃいじゃん。でも、あいつらがさ、ガサっと着てる感じがかっこいいのよね。俺なんかデカいからガチの着ちゃうと「革ジャンっス！　ヨロシク！」みたいなさ。

圭介　勇気付けられるなぁ。ちっちゃいとパンクよりファッショナブルに見えるってことですね。

TAISEI　そうそう「オリーブ」の男版みたいな（笑）。ロックじゃなくていいなあ、俺もロックじゃなく着たかったのに羨ましいなぁみたいな。

ロック言ってらんねぇ

TAISEI ただ残念だけどもう50なんだよな。オリーブってのはな（笑）。

圭介 そうなんですよ。年齢を踏まえると……。

TAISEI あとね、この歳になるともう重い服ヤダってなってくるよ。ダウンの方が絶対にいいぞ！

圭介 僕はダウンばっかりなんですが、増子さん曰く「ダウン着たら終わりだぞ」って。

TAISEI 増子ちゃんの言うことにも一理ある。そこを大事にしてるミュージシャンも多くて、前にウエノコウジに「ダウン着ればいいじゃん」って言ったら「俺はまだダウンは着れない」って。でも俺はダウンの壁を越えちゃったのよ。だってあったかいじゃん。

圭介 TAISEIさんはいわゆるやせ我慢の美学も通り越しちゃったんですね。

TAISEI うん、痩せ我慢の美学は、20代30代にやらせときゃいいよ。50代は我慢しない美学だ。

圭介 風邪ひいちゃいますからね。

TAISEI そうだよ。もう自律神経だってグラグラすんだからよ。体を大事にした方がいいよ。

圭介 正直、防寒性だけで言ったらユニクロの方が全然あったかいですもんね！

TAISEI うん。俺達、もうあういうのには勝てない。

結論 ダウンでいいんじゃね。

けいすけ音楽堂 ベストミュージックセレクション

みんなでカラオケで盛り上がるような曲も楽しいけど、深夜にヘッドフォンをして聴きたくなる音楽が、一番好きかもしれません。南米の音楽も大好きなのでちょっと多めにセレクトしています！

割礼の「緑色の炎」を聴くといつも涙が流れてくる。

【邦楽】
ジャックス「ジャックスの奇蹟」
外道「外道」
村八分「草臥れて」
遠藤賢司「夢よ叫べ」
友部正人「なんでもない日には」
三上寛「ひらく夢などあるじゃなし」
THE STALIN「虫」
町田町蔵＋北澤組「腹ふり」
割礼「ゆれつづける」
RCサクセション「楽しい夕に」

【洋楽】
Richard Hell and The Voidoids「Blank Generation」
The Doors「L.A.WOMAN」
Sam Cooke「Live At The Harlem Square Club 1963」
Tyrannosaurus Rex「Unicorn」
The Sex Pistols「NEVER MIND THE BOLLOCKS」
The Beatles「Beatles for Sale」
SLADE「SLADEST」
The Velvet Underground「The Velvet Underground and Nico」
Paul Butterfield「Better Days」
Iggy&The Stooges「RAW POWER」

【南米】
Caetano Veloso「Caetano Veloso」
Gilberto Gil「1968～日曜日の公園で」
Cassiano「Imagem E Som」
Os Novos Baianos「Acabou Chorare」
Candeia／Nelson Cavaquinho／Elton Mediros／Guilherme De Brito「Quatro Grandes do Samba」
Cartola「人生は風車～沈黙のバラ」
Milton Nascimento「街角クラブ」
Nelson Cavaquinho「Nelson Cavaquinho」
Trio Mocoto「Muita Zorra!」
Ivan Lins「今宵楽しく」

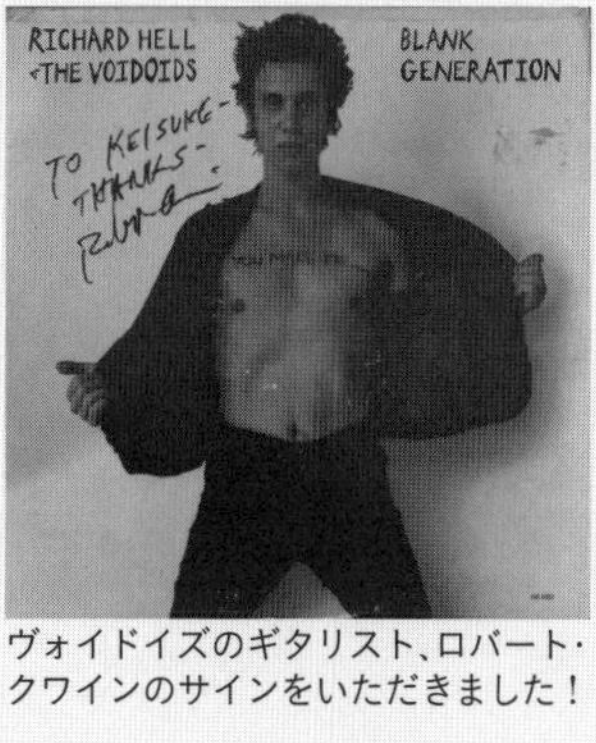

ヴォイドイズのギタリスト、ロバート・クワインのサインをいただきました！

社説

圭介人語

その昔、高校3年の春、地元名古屋で「PUNKS BATTLE ROYAL」という物騒この上ないタイトルのライブイベントに行きました。リップクリーム、ニッキー&ザ・ウォーリアーズ、ヴァージンロックスなど、ハードコアバンドばかりのライブのオープニングアクトが、SAでした(メンバーは今と違います)。今池の会場には、始まる前から怒号と缶ビールの空き缶が飛び交い、物々しい雰囲気。そんな中、突如、SAが音を鳴らし、同時に後ろからものすごい勢いで押され、一気に将棋倒し。その時、生まれて初めて本当に死ぬかもと思いました。もうハードコアのライブなんか絶対に行かないと心に誓いながらも、ライブ後、ぞろぞろと打ち上げに向かうハードコアバンドの後をついて行き、しれっと打ち上げに参加。打ち上げ会場の端の方で友達3人と小さくなっていたところへ「楽しんでるか?」と、気さくに声をかけに来てくれたのが、TAISEIさんでした。優しい!

そのTAISEIさんは、増子さんと真逆の「50代は我慢しない美学」。「ダウンでいいじゃん!」え〜! 困ったー!! どうすりゃいいのよ! 結局、未だに革ジャンを着れないまま、もうすぐ51歳……。一生着れないかも……。

連載

けぃ散歩 最終回

デビュー当時を振り返るin巣鴨

全長約780メートルある商店街を通り抜け、20代だったけぃさんのランニングコースの折返し地点、巣鴨《すがも》猿田彦《さるたひこ》庚《こう》申堂《しんどう》に到着。

「猿田彦珈琲って、最近できたよね」と全然関係ないことを言うけぃさん、やはりお参りはしません。

今日はここから少しだけ歩を進めて昔ながらの駅舎が味わい深い都電荒川線庚申塚《こうしんづか》停留所へ。

「この駅に来たのは初めてだけど、懐かしい感じがしますね。昔の世田谷線もこんな感じだったな。世田谷線はリハーサル・スタジオが近いのもあって昔からよく利用していたんですよ」

懐かしいあの頃を思い出し思わず笑みがこぼれるけぃさんでした。

みんなの声

【ご意見・ご要望】

時間ができたらゆっくり遊びに行きましょう！　昔、クリスマス前日、突然ウチに泊まりに来ましたね。吉本新喜劇のレーダーディスクを見たりヨコロコのライブにも出かけましたね。そんなことがなかなか実現できず今日に至りました。虫嫌いのあなたですが、今度、ＢＢＱにでも行きましょう！

（安藤克幸／中学からの友人／もうすぐ51歳）


【回答】

その節はお世話になりました！

おじさん2人のクリスマスイブ、とても楽しかったね。ＢＢＱもぜひ！　ちなみにレーダーディスクではなくレーザーディスクですよ。


【ご意見・ご要望】

圭介にお願いが3つあります。

ひとつ目はライブ活動で外食する時もう少し緩やかに考えてたまには予算オーバーの物を食べてくださいネ。

2つ目はライブで舞台に立つ時は髪の形や全体の格好にも気をつけた方がいいと思いますよ。

3つ目はメンバー4人、一人一人が健康に留意して息の長い活動を続けて欲しいと願っています。

（鈴木真佐子／母／70代）


【回答】

はい。外食の時のメニューの幅を少し広げます。たまにはワンコイン以上のものも食べます。ん？　髪型も服装も今まででずっとおかしいと思ってた？　早く言ってよ！　もう50歳だよ！

悩み相談

Q、音楽をやりたくて、毎日詩を書いています。でもなかなか人前に立つ勇気が出ません。自分には無理じゃないかと思う反面、諦めたら自分が嫌になりそうで、一歩が踏み出せないまま時間ばかりが経っていきます……。
（Tさん／飲食店勤務／26歳）

A、人の目に晒されたら批判もあるだろうけど、もし評価に繋がれば、今まで自分がダメだと思っていた弱さや恐怖心も、全部が音楽のためにあったと思えるようになりますよ。
でも、もし世間的に評価されなくても、自分がいいと思える音楽が作れたら、それだけでめちゃくちゃ変わります！

まずはTさんが自分が納得できるような音楽作りを頑張ってください。応援しています！

月と太陽

あるところにとても悩んで落ち込んでいる旅人がいました。

とても好意を寄せていた女性に失恋をしてしまったのです。旅人は臆病な性格だったのですが、彼女はそんな旅人をいつも笑顔で励ましてくれていました。彼女の笑顔のおかげで、旅人はたくさんの壁を乗り越えることができたし、新しいことにも挑戦することができました。でも、彼女はある時突然旅人の前からいなくなってしまいました。それ以来、旅人は何も手につかず、ごはんもろくに食べられなくなってしまいました。旅人にはそのことを相談できる相手がいませんでした。

眠れないまま迎えた朝、ふと空を見上げると、燦々と輝く太陽が昇っていました。

旅人は勇気を出して、太陽に話しかけてみました。

「太陽さん。愛する人が突然僕の前からいなくなってしまいました。それ以来、何をやっても手につかず、何もやる気が起きません。これから自分がどうやって生きていけばいいのかもさっぱりわからなくなってしまいました。一体僕はどうしたらいいでしょうか？」

　すると、太陽は大きな声で言いました。

「恋愛だけが全てじゃないじゃないか。なんでもいいんだ。夢中になれるものをひとつ探してみなよ。人間の一生って短いんだろ？　あっという間にじいさんになってしまうよ。何かに情熱を持って打ち込んでいれば、きっとまたいい人に出会うことができるはずだよ」

　旅人は言いました。

「今の僕には情熱なんてとてもありません。僕にとっての情熱は彼女の存在だったんです。彼女がいなくなって初めてそのことに気付いたんです。もう僕には何もありません」

　すると太陽は旅人の話が終わらないうちに食い気味にこう言いました。

「何もないだって？　そんなはずないだろ？　彼女の存在が全てだなんて、子どもみたいなこと言うなよ」

　旅人は答えます。

「だって、本当にそうなんです。本当に空っぽなんです」

太陽はさらに大きな声で言ってきました。

「何を甘えてんだよ。情けなくて見ちゃいられないな。空っぽになんてなるわけないんだ。燃やすんだよ、無理矢理にでも。一緒に歌でも歌うか？『ビューティフルサンデー』。きっと気持ちも晴れると思うぞ」

旅人はさすがに歌を歌う気持ちにはなれませんでした。そして明るい太陽の言うことが眩しすぎて、自分のことがますます惨めに思えてきてしまいました。

旅人はいてもたってもいられず、太陽の光が当たらないところへ避難しました。

旅人は夜を待ちました。

夜になって空を見上げると、そこには月が昇っていました。

月は太陽のように眩しくはなく、今の旅人の気持ちにちょうどいいぐらいの明るさでした。

気付いたら、旅人は月に話しかけていました。

「お月さん。僕は最近失恋してしまいました。それ以来、何もやる気が起きません。食欲もありません。僕はどうすればいいでしょうか？」

すると月は興味のなさそうな口調で言いました。

「ふーん。そうなんだ」

旅人はちょっと拍子抜けしてしまいましたが、もう一度聞いてみました。

「何かアドバイスとかもらえませんか？」

落ち着いた口調で月は答えました。

「焦らなくてもいいんじゃない？」

旅人は聞きました。

「と言うと？」

月は答えます。

「何も手に付かないんだったら、あえて何もしなくていいんじゃないの？」

旅人は訴えます。

「でも食欲もないんです」

月は答えます。

「本当にお腹が空いたら食欲も出てくると思うよ」

旅人はさらに続けます。

「今後どうやって生きていけばいいのか、さっぱりわからなくなってしまいました」

月も続けます。

「これからのことなんて誰にもわからないじゃん。未来なんて何が起こるかわからないから希望が持てるんじゃないの」

旅人は言います。

「太陽さんに相談したら、甘ったれるなと言われてしまいました」

月は言います。

「ふふふふ。甘ったれるなって？　あいつらしいね。いいじゃんか、甘ったれだって。そもそも人間ってみんな甘えてるじゃん。誰だって一人じゃ何もできないしさ。群がってお互いに甘えあって生きてきたからこそ、今の文明があるんでしょ。僕なんか見てみろよ。何年一人ぼっちだと思う？　四十五億年だよ。想像できる？」

あまりのスケールの大きさに旅人はあっけにとられ、何も言えなくなってしまいました。すると月が照れ臭そうに言いました。

「悪い悪い、自慢したみたいに聞こえたら謝るよ。そんなことを言うつもりじゃなかったんだ。太陽に甘ったれるなって言われたんだろ？　でもそれは太陽の考え方だしさ、そのまま鵜呑みにしなくてもいいんじゃない？　それに落ち込んでいる時はとことん落ち込んでみた方が新しい発見があるんじゃないかと僕なんかは思ったりするけどね」

　旅人はハッとしました。

「そっか。太陽さんの話はとても押し付けがましくて、話しているとより自分がダメ人間になったような気がしてさらに落ち込んでしまっていたんだけど、君と話をして少し楽になれたような気がする。よく考えたら太陽さんはいつも真っ赤に燃えているから明るいところしか見えないんだよね。僕のように落ち込んで日陰に逃げ込んだ人の気持ちなんてハナからわかるはずがないんだ」

　すると月は、少し声を大きくして言いました。

「それ、よく考えた？　もう少し考えてみたら？　もし太陽が真っ赤に燃えてくれていなかったら、僕の姿は君には見えないんだよ。僕がこうして君の目に留まったのは、太陽の光に照らされているおかげだし、君が住んでいる地球だって、太陽が燃えてくれなかったら、誰もいない星だったんだよ。だから責めるんじゃなくて、太陽の言うことも君なりに考えてみてあげたらどう？　それに、君は何も食べられないと悩んでいるけど、太陽がいなかったら食べるものだって何ひとつないんだ。太陽の押しつけがましさだってそうさ。太陽はみんなのためにずっと燃えていなけりゃいけな

いじゃん。落ち込む時間さえも太陽にはないんだよ。あいつ、ものすごく頑張ってんだぜ。

たまたま今の君には僕の方がちょうどよくて優しく感じるかもしれないけど、太陽も同じくらい、いやそれ以上に優しい、と僕は思うよ」

旅人はハッとして言いました。

「そうか。どうやら早とちりしてしまったみたいだね。もう一度よく考えてみるよ。でも今の僕には太陽の光が射している朝や昼はちょっときついかな。それより君がいてくれる夜の方がとても心地がいい」

月はゆっくりとした口調で言いました。

「世の中ってとても複雑で、いろんなバランスで成り立っていると思うんだ。太陽も僕も君もね。それぞれがそれぞれの役割をみんな必ず持ってる。必要のないものなんて、この世界に実はひとつもないんじゃないかな？少なくとも僕はそうあって欲しいと思うけどね」

旅人は聞きました。

「戦争や差別やいじめも必要なの？」

月は穏やかな顔で答えました。

「そこは自分の頭でちゃんと考えなくちゃ。自分が住んでる星のことなんだから。それぞれがそれぞれで考え続けて、みんなで話し合わなきゃ。それが人間のやり方なんだろ？　群れあって、甘えあって、時にはぶつかり合って、それでも諦めないで、お互いを理解しようとするのが人間なんだろ？」

旅人は答えました。

「そうだよね。それが人間だよね。考えることをやめちゃいけないよね。うん。わかった。ありがとう。とりあえず僕はもう少し落ち込んでみるよ」

月と話して、旅人は少しスッキリしました。そして、その晩、月の灯りに照らされながら、ぐっすりと眠りました。

誰も弾かないピアノ

つい10年ぐらい前まで、名古屋にある実家にはピアノがあった。

このピアノには苦い思い出がある。

僕がピアノと初めて向き合ったのは5歳の時。今の実家に引越しをする前の家のことだった。その家はコーポ岡部という2LDKのマンションで、僕はそこで5歳の後半から7歳の中盤までの1年と数ヶ月を過ごした。

ある時、そのコーポ岡部にピアノがやってきた。いや、実はそのあたりの記憶は怪しく、ピアノはコーポ岡部の前の家からあったのかもしれない。間違いないのは、コーポ岡部時代、僕が1年間ぐらいピアノを習っていたことだ。

ピアノを習ったきっかけは、近所に住んでいた女の子の友達がピアノを弾いているのを見て、やりたくなってしまったから。

自分から母親にピアノを習いたいとお願いした。母親はすんなりやらせてくれたように思う。早速近所のピアノ教室へ週に1回通うことになったが、その教室はとても厳しいところだった。

レッスンは先生とマンツーマン（母は付いていてくれたが）で、先生は女性だった。年齢はいくつくらいだったんだろう？　当時はおばあさんのように見えたが、今思えば20代くらいだったのかもしれない。滑舌がよくはっきりと話す先生で、どこかデヴィ夫人のような雰囲気があった。

デヴィ夫人のレッスンはスパルタだった。まず最初にやることが絶対音感をつける訓練。デヴィが鍵盤の音を1音叩く。コーン！　そして聞く。

「なんの音？」

その口調は厳しい。僕は全くわからない。あてずっぽうに答える。

「レ？」

すかさず、

「違う！」

そしてまた、

「なんの音！」

コーンコーン！

「ソ？」

「違う！」

コーンコーン！

「ミ？」

「違う！」

コーンコーン！

「ファ？」

「違う！」

コーンコーン！

「ド？」

「そう、次！」

コーンコーン！

「レ？」

「違う！」

コーンコーン！

もう最初から泣きそうだった。これがしばらく続いた後、曲のレッスンに入っていくのだが、入り口がこの感じだから毎回レッスンが恐くて仕方がない。一応、卵を持つように優しく鍵盤に指を置く。楽譜は赤のバイエルだ。クラシック音楽なんか好きでもなんでもなかったが、当時はピアノといえばバイエルしかなかった。

デヴィは練習をしていないと容赦なかった。さすがに（母親が付いていたし）叩かれたりはしなかったが、イメージでは30センチものさしでピシャリと手の甲を叩かれるぐらいのダメージを毎回受けていた。もうとっくにピアノへの興味は消えていた（というより、むしろ大嫌いになっていた）。家に帰ってからも母親と一緒に練習をするのだが、はかどるわけはなかった。でもピアノをやりたいと言い出したのは僕なのだ。今更やめたいと言えない。いや言っていたか。初めてのデヴィのレッスンから大嫌いになってしまっていたのですぐにやめたいと言っていたような気がする。しかし、レッスン料も払っているし、母親は昔自分もピアノをやっていたからどんなにぐずってもなかなか許してはくれなかった。

普段は、どちらかというと優しい母だった。小柄で食が細かった僕が学校でいじめられていないかいつも気にしてくれていた。そしていつも大きな声ではっきりと話すようにと繰り返し教えてくれた。

そんな母がピアノのレッスンになると人が変わったように厳しくなった。優しい母の顔が鬼に変わった。

家では鬼。レッスンでは、デヴィ。鬼、デヴィ、鬼、デヴィ、時々弟、また鬼、デヴィ……。幼稚園児なのにノイローゼになりそうだった。

そもそも幼稚園児が自分から何かを習いたいと言うなんて、ほんの軽い気持ちがほとんどだろう。家の経済状況など全く知らない中で、友達がやっていて、それが楽しそうに見えたからやりたいと言っただけ。綿菓子のように軽い動機。それがいつの間にかダンプカーのように重たくなっていた。

幼稚園児にダンプは重過ぎる。毎週、泣きながらデヴィと鬼に絞られてボロボロになっていった。

「僕、もう無理……」

毎回泣きながら、やめたいと言っていたが全く効果がなかったので、真顔で言ってみた。すると鬼が動いた。

「うん、わかった……」

母は一言だけ言って、ピアノ教室をやめさせてくれた。トータル1年ぐらいやっていたんだろうか？　バイエルの黄色（おそらく赤色の次、2冊目）まではいったと思う。

そんな苦い思い出だが、今となっては少し後悔している。もし、あの時頑張ってデヴィと鬼ともうちょっと闘っていたら今頃、ピアノも弾けるボーカリストになっていたかもしれない。コーン！　一発で音がわかる絶対音感を持っているスーパーボーカリストにもなっていたかも。ビリー・ジョエル？　いや、ロケットマン、エルトン・ジョン？　いやバンドだからクイーン？　もう少し頑張っておけばよかった……。

しかし、僕がピアノをやめてデヴィと鬼から解放され、今の実家へ引越しをする時も、なぜかピアノはそのまま付いてきた。部屋の間取りは2LDKから3LDKになり、そのLの真ん中にピアノは堂々と居座り続けた。僕が7歳から40歳までの33年もの間、誰にも弾かれることもないままずっと。本来のピアノとしての役割である音を発することなく、沈黙したまま、時には上に花瓶や写真立てを置かれ、時には読み終わった新聞紙や雑誌を積まれても、文句ひとつ言わず堂々とLの真ん中に居座り続けた。そんな健気で奥ゆかしいピアノに、僕は言わなきゃいけないことがひとつだけある。

「あの時、デヴィと鬼に負けてごめんネ」

13歳のカセットテープ

この夏、名古屋の「今池まつり」でライブをやった。その時、舞台裏で男性に話しかけられ、おもむろにカセットテープを渡された。そのカセットテープのインデックスには学生服を着たおかっぱ頭で眼鏡の少年がガッツポーズをしている写真がはさみ込んであった。

それは「僕」だった。13歳の。

どういうことかというと、そのテープを渡してくれた男性は、小学校時代、名古屋の同じ団地に住んでいた僕より1学年下の奥村君。

奥村君は僕が中学1年生になった年に、横浜の方に引っ越しをして、それっきり会っていなかった。小学校の時はとても仲がよく、毎日のようにザリガニを採ったり、釣りをしたり、プラモデルを作って爆竹で破壊したり、ダンボールを敷いて芝生の土手を滑ったり、自転車で知らない町まで走ったり、ビニールで作った凧を揚げたり、独楽回しやヨーヨーをしたり、ローラースケートや縄跳びをしたり、空き地にダンボールで基地を作ったりして遊んでいた。それ以来、37年ぶりの再会である。奥村君は僕がバンドをやっているということを知ってくれていて、今池まつりに僕らが出るので会いに来てくれたのだ。

嬉しかった。人一倍正義感が強く、端正な顔立ちをしていた奥村君もさすがにおじさんにはなっていたが、それはお互い様だ。決して売れているわけではないが、情報を発信する職業についていると、ごくたまにこういう出来事があって、そんな時は毎回やっていてよかったとしみじみと思う。

しばらく昔話をした後、奥村君はそのテープ面白いから聞いてみて、と僕に渡して去った。奥村君はそのテープを毎年一回は聞いているということだった。

奥村君がお父さんの転勤で引っ越すことになった時、僕は会えなくなってしまう友人に向けてカセットテープにメッセージを録音してプレゼントをした。らしい。というのも、僕はそのテープの内容どころか、渡したことさえも覚えていなかったのである。

ライブを終えて、東京に帰り着いたのは深夜だった。ヘッドフォンをして、おそるおそるラジカセの再生ボタンを押した。

ツーッとテープの流れる音の後にガチャっと録音ボタンを押した音がして、声が聞こえてきた。

「えー、奥村君。僕だよ。圭介だよ」

間違いない。僕の声だった。まだ声変わりをしていない13歳の僕の声。

「えー、奥村君、もう会えなくなっちゃうけど楽しかったねー。まぁー、あっちへ行ってからも頑張ってくれよ。こっちも適当に頑張ってやるからさー」

13歳の僕は早口で小声で、全くまとまりのない内容をダラダラとと喋っている。しばらく思い出話をした後、

「転校した時の自己紹介は元気よくやりなさい」

「とにかく明るく笑って暮らしなさい」

とか、偉そうに説いている。そしてすぐに、

「特に話すことはないんだけどねー」

などと言い訳を挟む。

同じだ。今と全く同じである。話のテンポ、口調、「えー」とか「まぁー」とか無駄に入れるところ、まとまりのなさ、言い訳。変わらないもんだなと深夜に一人で苦笑いをした。

テープは喋ってはブチッと切れ、すぐにガチャンという音とともに、また喋り出すという流れになっている。適当に喋って間が持たなくなると停止ボタンを押したのだろう。話の継ぎ足しをひたすら繰り返しながらテープは続く。

当時は、今のようにデジタルカメラなどなく、ビデオデッキさえなかった。たまにお金持ちの家には8ミリカメラがあったりすることもあったが、僕が住んでいた団地にはそんな高価なものを持っている人はいなかった。

おまけに僕は上京してから5、6回引っ越しをしていて、何回目かの引っ越しの時に昔のアルバムや卒業アルバムなどを全て紛失してしまったのだ。引っ越しの時のドタバタで捨てるものと捨ててはいけないものを間違えてしまったんだろう。卒業アルバムはメンバーが持っているので今も見ることができるが、プライベートな写真は実家にも一枚も残っていない。そんな時に突然このテープと出会った。50歳のおじさんの僕が、13歳の思春期の僕と出会ったのだ。

僕の一人喋りが続いた後、途中からゲストが登場。なぜか、名古屋の隣町に住んでいた従兄が入ってくる。たぶん、遊びに来た時についでに一緒に録ったんだろう。おもむろにクイズが始まる。

「さて、これは何をやっている音でしょー!!」

ガチャッ、ジョボジョボジョボジョボ、ジョッジョッ。キュルン。ジャー!! ガチャン!

「答えは、おしっこをしている音でしたー!」

いかにも中1男子がやりそうなことである。しかも実際に生録している。おそらく片手にラジカセを持って、片手で小便をしたかと思われるが、片手でうまいこと便器に小便を入れられるのか？　辺りに飛び散って大変なことになっていないか？　用を足した後、片手でチャックを閉められるのか？　無理やりチャックを上げてちんちん挟んだりしてないのか？

　50歳の僕の心配をよそに、テープは、鼻をかんでいる音だったり、ボールペンで机をコンコン叩く音だったりのクイズが続く。従兄と弟と、キャッキャと笑いながらテンションは徐々に上がっていく。そして突然、母のところへインタビューに行く。

「何か話して」という質問に母は、

「何？　録ってんのこれ？　もー、ちょっとー。いやらしいわねー」

　少し関西なまりの母の声。今の僕よりも若い時の母の声だ。

　さらに僕達は父親のところへインタビューに行く。しかし父はなかなか喋ってくれない。そうか。父親は、休日ずっとテレビを見ているか、本を読んでいるかで、ゆっくり話をすることはあんまりなかったのだ。しかし13歳はめげない。喋らない父に向かってしつこく質問する。

「これ何？　誰と誰がやってんの？」

「お父さん、これどっちが勝っとる？」

「何か喋ってよー」

「何か喋らんといかんてー」

　野球中継を見ている父はボソボソと、

「まぁ、巨人やな」

　と関西なまりで答える。小さい声だが、怒ったり嫌がっているようには聞こえない。その後お風呂を誰が洗ったのかどうかなど、家族みんなで話す様子も入っている。

　目を閉じて聞いていると、録音していた頃の光景が少しずつ頭の中に浮かんでくる。3LDKの間取り、リビングには誰も弾かないピアノがあって、その横にはLO－DIの大きなステレオ。ステレオの上には日立製のブラウン管テレビがあって、その向かいには冬はこたつになる小さいテーブル。絨毯はうぐいす色でカーテンは薄いピンク色。台所にはこれも日立製の冷蔵庫。4人がけのダイニングテーブルの上には何回落としても割れたことのないデュラックス製の分厚いコップと、イチゴをつぶすために皿の真ん中が平らになっているスプーン。

　床の間のある一番奥の部屋では座椅子に座ってテレビを見ている父、台所ではお湯を沸かしながらキャベツを刻んでいる母の姿。ダシの匂いと包丁の音。そんな光景が少しずつ頭の中であぶり出しのように浮かんできて、じんわりと徐々に色が付いてくる……。

＊

ドアノブをゆっくり回す。この日のドアノブはやけに重たい。ガチャっと鈍い音がするやいなや、台所の方から足音が聞こえ、母が玄関までやってきた。

「おかえり。早かったわね」

いつも通りの元気のいい声だが、この日はやけにうるさく感じる。無視して突き当たりにある子ども部屋へ直行する。

「ただいまは？」

再び無視してランドセルを床に放り投げた。

「何？　どうしたの？」

扉の向こうから母の声が聞こえるが、答えなかった。

「ちょっと！　圭介、何かあったの？」

答えず、子ども部屋のオレンジ色の絨毯に座り込んだ。

「ちょっと！　体調悪いの？」

答えない。6畳の子ども部屋の隅にはアニメやウルトラマンなどのステッカーがベタベタと貼られた白いタンスがひとつあって、ステッカーの中のドン・チャックと目が合う。色褪せたドン・チャックは前歯を剥き出しにしながら満面の笑みで僕を見ている。いや、見ているんじゃない。あざ笑っている。そう思った瞬間、好きだったチャックの笑顔がみるみるうちに憎らしい顔に変わっていく。

そうか。こいつまで俺のことをバカにするのか。畜生。バカヤロー。ビーバーのくせにバカヤロー。

その時、子ども部屋の扉が開いて母が部屋に入ってきた。

「なんなの？　ただいまも言わずに閉じこもって。学校で何かあったの？」

小さな声でつぶやく。

「別に」

すかさず切り込んでくる。

「別になわけないでしょ！　おかしいじゃないの。ケンカしたの？」

「してない」

「じゃ、なんなの？」

「……」

「本当のこと、言いなさい。あ、あれ？　文化発表会の劇の役のことでしょ？」

「違うわ！」

つい声が大きくなってしまった。

小学校の文化発表会で、４年生の僕のクラスは演劇をやることが決まっていた。演目はグリム童話の「ハーメルンの笛吹き男」。ネズミが大量発生して困っていたハーメルンの街に、ある日笛を持った男が現れ、金貨をもらうという約束でネズミを退治したのだが、街の人は約束を破り……という話で、台本も全部先生が用意してくれたものを僕達はただ演じるだけだった。

芝居の役はクラス全員に割り当てられるのだが、ほとんどの人はなるべく負担の少ない村人Aとか森の木Bとか、ほぼ立っているだけの役を選ぶ。積極的なのは担任の先生と一部の女子だけ。男子は演劇なんかやりたくないし、興味もほぼない。何しろ当時は男子が音楽の授業を好きだと言っただけで「オカマ」と言われるような時代。男子が積極的に参加していいのは体育の授業と運動会ぐらいだった。

しかし、僕は違った。演劇や音楽の授業に興味がないのは同じだったが、人前に立ちたいという欲求が人一倍強かった。芝居でもなんでもいい。とにかく人前に立って、目立ちたかった。だから文化発表会も実は密かに燃えていた。

「主役になれなかったの？」

母は部屋の隅でドン・チャックとにらめっこしている僕の背中に向かって声をかけた。

「……」

「主役の候補の子、もう一人いたよね。浅井君だったっけ？」

「……」

「黙ってたらわからないじゃないの」

「うん」

「うん、って。どういうこと？　主役、無理だったの？」

「だから、そう言っとるが！」

　つい口調が荒くなる。

「ふーん。そう。先生が浅井君に決めたの？」

「違う」

「じゃ、誰が決めたの？」

「……」

「ん？」

「多数決」

「多数決？　あ、選挙みたいになったってこと？」

「うん」

「あんたと浅井君のどっちが主役になるのか選挙したの？」

「うん」

「だったら公平じゃないの。それで負けたらしょうがないでしょ」

「……」

「違う役、やったらいいじゃない。主役以外にもあるんでしょ？」

「……」

「ないの？」

「もう、行かん」

「え？」

「もう明日から学校行かん」

「どうして？」

「主役になれなくて恥かいたから、もう二度と学校なんか行かん」

「行かなくてどうするの？」

「死ぬ」

「何って？」

「自殺する」

「え？」

「首吊って死んでやる」

　しばらく沈黙した後、

「なんでそういうこと言うの！」

母は大きい声を張り上げて、ドン・チャックとにらめっこしていた僕の体を１８０度回転させた。

「こっち向きなさい」

うつむいていた僕の顔を持ち上げて真っ直ぐに目を合わせてきた。

「どうしてそんなこと言うの！　死ぬなんて言葉、簡単に使わないで！」

あまりの母の剣幕に口ごもる。

「だって……」

「だってなんなの？」

「だって……」

「だって？」

昼間学校であった多数決のことを思い出したら、急に涙がボロボロ溢れ出してきた。

と同時に体がえづき出して、鼻水も垂れてきた。

「うぐっ……うぐっ……」

もう止まらなかった。次から次へと涙が出てくる。

「お母さんがどんな気持ちであんたを産んだと思ってるの？　どれだけ苦しい思いをしてあんたを産んだかわかる？」

「ぐっ……ぐっ……」

「あんたを産む時、お母さん、もう死んじゃうかもしれないって思ったんだよ！」

「ズズッ……ズズッ……」

「それぐらい大変だったの！　だから無事に産まれた時、お母さんもうこれ以上、何もいらないって思うぐらい幸せな気持ちになったの！　本当に本当に幸せになったの。わかる？」

「ジュル……ジュル……」

「だから死ぬなんて言葉、絶対に使わないで！　お願いだから」

　顔を上げられなかった。母の顔を見れなかった。母の声が少しずつ鼻声になっているのがわかった。母も泣いている。そう思ったら、涙がさらに出てきた。

「主役になれなくたっていいじゃないの。浅井君に負けたからってちっとも恥ずかしいことなんかない」

　いつのまにか正座をしていて、膝の上は涙と鼻水でびしょびしょになっていた。

「世の中主役になれる人ばっかりじゃないの。脇役の人の方が圧倒的に多いの。それに主役の人の方が目立つかもしれないけど偉いわけじゃないの。本当に大変なのは脇役の人なんだよ。胸張って、脇役を一生懸命やったらいいじゃない」

「……」

「浅井君を恨んだりしちゃダメだよ。それから、自分を選んでくれなかったクラスの人達も恨んじゃダメ。そういう気持ちを持ってると人間が小さくなるから」

「……」

「あんたは体が小さいんだから、気持ちは大きくいかなくちゃ。明日、ちゃんと胸張って学校行って、大きな声でおはよう！って言いなさい」

「……うん……」

「はい、これで顔拭いて。お母さん、ごはん作るから」

白いタオルを渡したあと、母は台所の方へ行った。顔を拭いて、部屋を見渡すと、もう西陽が射し込んでいた。オレンジ色の絨毯がいつもより輝いていて、まるでライオンの背中みたいだと思った。

しばらくすると弟が帰ってきた。

「ただいまー」

「おかえり！　ずいぶん遅かったわね」

「うん、海老名ん家で遊んどった」

母は何事もなかったように話している。僕は泣きはらした顔を弟に見られたくなかったので、いつも父が使っている一番奥の部屋に逃げ、座椅子に座って明日学校へどういう顔で行こうかなとぼんやり考えた。弟は早速リビングでテレビを見だした。

「トムとジェリー」の再放送でも見ているのか、大きな笑い声が聞こえてくる。そして、その笑い声に母が反応して話しかけている。

「何がそんなにおかしいのー？」

「だって面白いがー！」

アニメの音と台所で野菜を切る音や炒め物をする音が混ざり合う。家の中が急に賑やかになって、さっきまでの出来事がまるで妄想のように思えてくる。

お母さん、あれ絶対に泣いとったよな。

なのになんで今こんなに笑っとるんだろ？　さっきまで泣いとったのになんで普通に話ができるんだろ？　あれ、泣いとらんかったんかな？　顔見とらんしな。いや、そんなことないて。泣いとったよ。鼻声になっとったもん。ちゃんと聞こえたが。明日、いつも通り学校行かないかんな。主役は諦めよう。浅井に譲る。その代わり、町長さんの役がまだ空いとったよな。町長さんの役やりたいって、先生に言おう。町長さん、脇役だけどセリフ結構あったから、主役より目立つかもしれん。町長さんの役を上手にやったら、浅井に勝てる可能性もあるな。よし、町長さんをバシッと決めて、みんなを見返したろ！　台本通りにやったらいかん。セリフをちょっと変えて、もうちょっと面白い役に変えたろ。あんまりやり過ぎると嫌味になるから、ちょっとだけ変えて笑いの要素も入れたる。終わった後、みんなに圭介の町長さんがよかったって思わせたる！

そうだ。さっきのこと後でお母さんに謝らんといかんな。寝る前に謝ろう。

ガチャッ！

「ただいまー」

父が帰ってきた。

「おかえりなさい。お疲れさま。ごはん今できたところだけど、すぐ食べる？」

「そうだな。食べるかな」

父が部屋に入ってきた。

「うん？　なんでこんなとこにいるんだ？」

「いや別にー」

何事もなかったかのように、食卓へ向かった。父も着替えてから食卓に着いた。

「はい、ごはん食べるよー。テレビ消してー」

「えー！」

と文句を言いながら弟も食卓へ。食事の時間はテレビを見てはいけないというルールがあった。

食卓には野菜炒めとポテトサラダとごはんが並んでいる。

「えー！　また野菜炒め！　昨日も野菜炒めだったがー！」

弟が文句を言う。

「昨日は魚ですー！」

母も言い返す。

父は自らビールの栓を抜いてコップに注いでいる。

「いただきまーす！」

僕と弟は野菜炒めをごはんの上に乗せてがっついた。父はビールをおいしそうに飲み干す。

「圭介、何かあったのか？」

さっき父の部屋にいたことが不思議だったんだろう。早速父は聞いてきたが、泣いた話なんか恥ずかしくてとてもできない。

「いや、別にー」

と答えた。

「そうか」

特に追求されることもなかったのでホッとした。顔が腫れていたのもバレなかったようだ。

弟はごはんを食べるのが早い。あっという間に食べ終えて、テレビを点けた。僕もいつもより早く食べ終えて、テレビの前に座って弟と一緒にテレビを見る。

食卓では父と母が何か話している。もしかしたらさっきのことを話しているかもしれないと聞き耳を立てたが、どうやらそのことを話している様子はない。よかった。そこにあるのは何事もなかった普段通りの夕食の風景だ。

父と母は笑いながら話し、僕と弟はテレビを見ている。時折酔いが回ってきたのか、父の声が大きくなってテレビの音が聞き辛くなるので、

「ちょっと聞こえないから声下げて！」

と弟が言うと、

「わかったわかった！」

と返ってくる。

普段通りだ。何もかも。さっきまでの母との会話は全て嘘だったのかもしれない。あんなに落ち込んでいた気持ちはいつのまにか綿菓子のように溶けて消えてしまった。そうだ。消えるんだ。この先起こる様々な出来事や、今まであったたくさんの幸せな瞬間も、いつか全部綿菓子のように溶けて消えてしまうのだ。きっと。

＊

いつのまにか結構な時間が過ぎていて、気が付いたら涙が出ていた。はしゃぐ13歳と家族の声を聞いて、50歳の僕は泣いていた。テープにはあの頃の生活の風景がちゃ

んと入っていた。カセットテープなのでもちろん音だけだが、映像は頭の中に今もしっかり残っている。若かった母、父、そして子どもだった僕や弟。今はもう二度と感じることができない昭和の鈴木家。家族。なんだ。幸せだったんだな。僕も父も母も、そしてたぶん弟も。テープは一方通行だが、僕は話しかけたい気持ちでいっぱいになって、思わず小さい声で話しかけていた。

「俺、50歳になったよ。こっちはこっちでなんとか生きているからさ。そっちも頑張ってやってくれよ。まぁー特に話したいことはないんだけどさー。毎日、笑って暮らせたらいいね」

その後、テープの話し声は切れて、テレビの「ザ・ベストテン」をまるまる録音した音がA面の終わりまで入っていた。B面もまるまる「ザ・ベストテン」だった。そしてインデックスの裏には汚い字で「カルチャークラブ」と書いてあった。ダビングした「カルチャークラブ」の音源の上に重ねて録ったのだろう。

表にはさんである眼鏡でおかっぱ頭の写真は、逆光で顔が少し影になってはいるが、その目は、今、真っ直ぐに50歳の僕を見ている。

「アーユーハッピー?」

エンケンさん

エンケンさんの音楽に初めて触れたのは20歳のときだった。当時、中学の時からの友達の家に数人で集まって音楽を聴いたり、テレビや映画を観たりするのが習慣だった。

ある夜、少し遅れて友達の家へ行くと聴き慣れない音楽が流れていた。ボブ・ディランの「ミスター・タンブリン・マン」。それもすごく音が悪く、一聴してライブ盤だとわかる抜けの悪いざらざらした音。しかし、歌が始まった途端、なんだ？と思った。ボブ・ディランの声じゃない。ましてやバーズでもない。もっとねばっこくて、巻き舌で、色っぽかった。

そして何よりびっくりしたのは、日本語だった。

鼻の奥がヒリヒリして、首筋が震えた。

「え？　これ誰が歌ってる？」友達に聞くと、

「遠藤賢司」

初めて聞く名前だった。かかっていた音源は「フォークジャンボリー」という60年代のフォークフェスティバルのライブ盤だった。

その頃、友達と夢中で聴いていたのは洋楽ばかり。それも新譜ではなく、60年代、70年代のロック。洋楽の方がレベルが断然上で、日本のロックなんて聴く価値なし。「イカ天」が流行っていたこともあり、日本のロックは女性受けを狙ったペラペラな音楽か、不良っぽい格好だけのうわっつらなストリートミュージックしかない。

そう思っていた僕らに、エンケンさんは一発で風穴を開けた。そこからは早かった。僕達はいっせいに60年代のフォークレーベル、ＵＲＣレコードの復刻盤を集めて聴き漁った。

好きなアーティストもいれば、ピンとこないアーティストもいた。エンケンさんみたいな声や歌は他にはいなかった。エンケンさんの声は特別だった。少し鼻にかかっていて、歌っているようにも、つぶやいているようにも、うめいているようにも聴こえた。

その後、ＵＲＣレコードだけじゃなく、他のレーベルのエンケンさんのアルバムも集めだした。エンケンさんはアコースティックだけじゃなくバンドを組んで豪音でロックもやっていた。そこでは、つぶやくように歌うだけじゃなく、時に激しく張り裂けるような声で歌っていた。

めちゃくちゃかっこいいと思った。そして日本の音楽も素直な耳で聴けるようになった。洋楽も邦楽も関係なく、いいものはいいし、よくないものはよくないと思えるようになった。洋楽以外認めないと口にしていたのは思春期にありがちなポーズでもあった。邦楽をバカにする方が、かっこいいとうそぶいていた。

本当は隠れて邦楽も聴いていたし、好きなバンドだってあったのに。

その薄っぺらな気持ちを見破って、いいものはジャンルなんか関係ないと教えてくれたのがエンケンさんだった。

そして数年後、22歳ぐらいのときだっただろうか?

当時、フラワーカンパニーズが毎月出ていた名古屋のE.L.L.というライブハウスにエンケンバンドが来た。

一人で観に行った。残念ながらお客さんはいっぱいではなく、僕は椅子に座って観た。ステージから右側の端っこの真ん中辺り。

衝撃的なライブだった。まず音がめちゃくちゃ大きい。

そりゃそうだ。ドラムが頭脳警察のトシさんで、ベースが子供ばんどの湯川トーベンさん。爆音になるに決まっている。

エンケンさんは、グレッチのギターのボリュームをこれでもかというぐらい上げて、顔を真赤にして絶叫していた。途中、轟音の曲だけではなく、アコースティックギターでつぶやくように優しい声で歌う曲もちゃんとやってくれた。その声量の差がとても美しいと思った。静と動、緩と急、一瞬も目が離せないライブだった。ラストの曲でエンケンさんは舞台を降りて、客席で歌い出した。そして僕の目の前まで来た。

死ぬかと思った。

エンケンさんが目の前にいる！　緊張と嬉しさがごちゃ混ぜになって、少しも動けなかった。手を振り上げたり、一緒に大声で歌ったり、そういうリアクションが全くできない。

あの時、僕は息をしていなかったと思う。心臓も止まっていたかもしれない。少なくともまばたきはしていなかった。それぐらいカチカチだった。

ライブが終わってから物販で売っていたエンケンバンドの「不滅の男　大実況録音盤」という2枚組のライブアルバムを買って、配られていたアンケート用紙に思いの丈をここぞとばかりに書いた。表だけでは足りず、裏面まで小さな字でびっしりと書きなぐった。今日のライブがすごかったこと、初めて聴いた時に全身が震えたこと。そして厚かましいことに、自分のバンド名を書き、いつかエンケンさんと同じ舞台で共演をしたいとまで書いてしまった。ライブ後の高いテンションと若さが、そのささやかな暴走を後押ししたんだろう。

家に帰ってから、しまった！　なんてうぬぼれたことを書いてしまったんだろうと恥じた。

しかし、数年後その夢は実現し、あの時書いて良かったと思うことになる。

僕らは24歳で上京し、26歳の時にアンティノスレコードというソニー系のレーベルからデビューした。どういうきっかけでエンケンさんとライブをやるようになったのか、実ははっきり覚えていない。いろいろなことがありすぎて記憶がぐちゃぐちゃになっている。

気が付いたらエンケンさんと雑誌で対談し、エンケンバンドとも同じ舞台に立つことができていた。そのライブも緊張と嬉しさで頭が真っ白になっていたので、ほとんど記憶に残っていない。全力でやり切ったことだけは覚えているのだが。

いつのまにかエンケンさんと親しくさせてもらえるようになった僕らは、エンケンさんのトリビュート盤に参加させてもらったり、僕らのワンマンライブを観に来てもらったり（その時、アンコールでエンケンさんの「東京ワッショイ」という曲を演ったんだが、曲の途中でエンケンさんが客席から舞台に突然入ってきてくれた！）エンケンさんのアルバムにコーラスで参加させもらったり、竹安とリーダーは、エンケン&カレーライスというバンドで、一緒に何回もライブをやらせてもらったりした。

エンケンさんに叱られたこともあったし、僕はないんだが、竹安とリーダーはエンケンさんの自宅に呼んでもらったこともあった。僕の喉にポリープができて1ヶ月ラ

イブを止めていた時に、

「喉に効くと思うから、もしよかったら飲んでみて」

と、「ルミン」という薬を頂いたりもした。

「夢よ叫べ」という大好きなアルバムの中のジャケットに写ってるエンケンさんの部屋のテレビの前に、「がんばれ‼ロボコン」という小学生の時に好きだった実写ドラマのガンツ先生というキャラクターのソフトビニール人形が置いてあった。そのことをエンケンさんに伝えると、

「圭介くんにあげる」

と持ってきてくれたこともあった。そのガンツ先生は今、家のテレビの前に立っている。

エンケンさんと知り合ってから、本当にいろんなことを教えてもらった。エンケンさんに対しては、感謝という言葉では言い表せないぐらいの感情でいっぱいだ。今でもどこからか見ていてくれるような気がするし、深夜、部屋の中で曲ができなくてうなっている時なんかに、エンケンさんがずっと現れて、自分の気持に正直になればいいんだよって言ってくれるような気もする。

昔、対談した時に、

「曲を作る時に、手を抜いたら絶対にダメだよ」

と叱られたことがあったから、曲を書いている時、つい手を抜いてやっつけで済ませそうになると、エンケンさんが出てきて叱られてしまうような気もする。
エンケンさんはまだいる。そばに。
エンケンさんの1stアルバムに「ほんとだよ」という曲があって、その歌の中の一節にこういう歌詞がある。

君の窓をたたくものがあれば
それは風なんかじゃない
それは僕さ…ああ　ほんとだよ…

本当にほんとだと思う。

スタンド・バイ・ミー

フラワーカンパニーズは今年で結成30周年になる。20歳のとき地元名古屋のロイヤルホストで顔を合わせて以来、活動休止もメンバーチェンジもヒット曲も出さずに突っ走ってきた。僕らは全員同い歳で、僕とリーダー、ドラムのミスターは中学の同級生、ギターの竹安はリーダーと同じ高校の同級生だ。これまで生きてきた中で、家族より恋人より誰よりも長い時間、一緒にいたと思う。

リーダーと初めて会ったのは中学3年の時。たまたま隣の席になったその日からすぐに仲良くなった。メン・アット・ワークというオーストラリアのバンドの「カーゴ」というアルバムの話で盛り上がったり、歴史の教科書に載っていたルソーという哲学者の顔が俳優の沖雅也にそっくりだと大笑いしたり、僕は初めて隣の席になったその日から、リーダーのそばにコバンザメのようにくっついて回った。それぐらい魅力的だったし、頼り甲斐があった。

ミスターとは小学校の時から一緒だが、小学校の時はクラスが違ったので話したことはなかった。初めて話したのは中学2年の時だったと思う。僕は卓球部でミスターはテニス部。お互いに朝練のために普通よりも早く登校しなければならず、ミスターはいつも僕の小学校時代の友達と一緒に登校していたので、その時に紹介してもらった。第一印象は爽やかで優しそう。体も大きかったので、おそらく力持ちだろうなと思った。「ガンバの冒険」で言うと「ヨイショ」。「あばれはっちゃく」で言えば2代目「俺はあばれはっちゃく」。「ゴレンジャー」で言えば「キレンジャー」。

竹安と初めて会ったのはロイヤルホストだった。リーダーが、いいギターを弾く男がいると連れてきてくれたのだ。当時の彼は今より痩せていて、ツリ目（今もだが）で声も低く、あまり話さなかった。正直不気味で少し怖かった。犯罪者みたいな顔だなと内心思ったが、話していくうちに、とても面白い人なんだとわかった。

最初はただの友達だった。いや、今でも友達である。でも30年もたつと、さすがにバンドの雰囲気も変わってくる。昔みたいに世間話をすることは少なくなった。会話そのものが減る。特に機材車で長時間移動の時、僕はほとんど口を開かない。以前、東京から鹿児島まで16時間ぐらいかけて移動した時、僕は一言も話さなかったということもあった。こういう話を書くと、フラカンって仲が悪いバンドなんだと思うかもしれない。

違うのだ。これが正常なのだ。考えて欲しい。30年も一緒にいるのだ。さらに人間としての付き合いは中学からなので、35年ぐらいになる。それぐらい長い時間を一緒に過ごしてきている。しかもバンドという特殊な仕事をしているので、ツアーが年がら年中だ。友達でもありビジネスパートナーでもあるという関係。そして全員50歳である。はしゃいでツアーをやっている方がよっぽどおかしい。

僕らがこれだけ長く続いている理由のひとつは、お互いの距離感を絶妙に保っているということがある。誰にも心地いい距離感がある。僕らの場合、今の距離感がちょうどいいのだと思う。距離感はそれぞれバンドによって違うから、これが正解などというものはない。夫婦みたいなものである。長い年月続いているバンドでも、ワイワイやっている人達もいるかもしれない。でも僕らにはこれぐらいの距離感がいいのだ（念のため付け加えると打ち上げなどお酒が入れば僕らもワイワイやります）。

怒鳴り合いや殴り合いなど大きなケンカは一度もない。もちろん意見の食い違いはあるし、お互いに気に入らないところも腐るほどあるだろう。だがなるべく熱くならないようにしている。

意見が食い違った時、僕らは沈黙する。そして一度頭を冷やしてから、また話し合う。そういうやり方をずっと続けてきているので、それが僕らには合っている。いうなれば、元々ただの友達だったメンバーが時間をかけてゆっくりとバンドになっていったのだ。かっこよく例えるとワイン？　いや、自分達で気付いていないだけで、ただゆっくりと腐っていっているだけなのかもしれない。

そんな熟年夫婦のような僕らにも青春時代はあった。


バンドを結成した１９８９年、僕達はまだ大学生だった。

フラワーカンパニーズを結成する前、僕とミスターはスキッパーズという５人編成のバンドをやっていた。バンド名は僕が付けた。決してすきっ歯だからという意味ではない。スキップからとった軽快で爽やかな名前だった。そのバンドはギタリストが曲を作り、僕がメロディと歌詞を作っていた。

ただ、そのギタリストと僕のやりたい音楽には大きな溝があった。彼は当時一世を風靡したガンズ・アンド・ローゼズにかぶれまくっていて、ことあるごとに「スウィート・チャイルド・オブ・マイン」のフレーズを弾いていた。当然やりたいのはそういう音楽。当時、バッドボーイズロックなどと呼ばれていて、「セックス・ドラッグ・ロックンロール」ど真ん中のジャンルだった。童貞でドラッグなんか正露丸とバファリン以外飲んだことがなく、お酒も呑めない。そして何よりも背が低い僕に合うわけがなかった。僕がやりたかったバンドはそういうステレオタイプな二枚目がやるロックと真逆の音楽。強いていうなら、ボ・ガンボスのどんとさんがやっていたローザ・ルクセンブルグのようなバンドだった。最初から合うわけがなかった。案の定、溝はどんどん深くなっていき、ついに決定的な出来事が起きた。

彼が作った、エアロスミス風のバッドボーイズ臭プンプンの曲に僕が「青空ハッピー」というタイトルの歌詞を乗せたのだ。バッドボーイズロックをやりたかった彼は反発し、書き直してくれ、と言ってきた。おそらく、彼はロックとはもっと退廃的で夜のイメージでなくてはならない。左手に薔薇、右手にフォアローゼズを持ってなくてはならない。間違っても青空の下でハッピーなんて言葉を叫んではいけないと思ったんだと思う。確かにそれも正しい。しかし、当時の僕はそういう雰囲気が大嫌いだった。それであえて一番遠い言葉を使って、自分なりのロックを表現したいと考え、「青空ハッピー」という歌詞を書いたのだ。

書き直して欲しいと言われ、腹が立った僕も言い返した。お互い一歩も譲らず、溝は海のように深くなってしまった。結局スキッパーズは1年足らずで解散したが、今冷静になって振り返ると「青空ハッピー」というタイトルに怒るのも無理はない。

その頃の僕達は、昼間は大学、もしくはアルバイトをしていた。

バンドの練習は週に3回。月・水・金の夜9時から12時まで。場所は名古屋のはずれ、地下鉄鶴舞線原駅から歩いて10分のところにある「ガレージ」というリハーサルスタジオ。

練習を終えた僕らは真夜中から、朝、陽が昇るぐらいまで、冬は車の中、夏は道端に座り込んで（時には寝そべって）飽くことなく語り明かした。政治とか世界情勢とかそんな大層な話ではない。映画や音楽や漫画やテレビの話など、いわばどうでもいい話ばかりだったが、僕らにとっては政治よりもずっと大事だった。メンバー全員が、店は違うが、レンタルビデオ＆CDショップでアルバイトをしていたので映画や音源には困らなかった。アルバイトの店員は旧作も新作も全部無料で借り放題だったからだ。黒澤明の「生きる」や「どですかでん」、「いちご白書」や「エル・トポ」。映画ではないが、ウルトラマンシリーズの実相寺昭雄。特にウルトラセブンの「第四惑星の悪夢」。つげ義春に林静一。彼女の話も当時はしていた。みんな同じように奥手だった。今思えば、あの時、話しながらお互いの価値観をすり合わせていたのだ。

音楽も車の中で一緒に聴いた。ビートルズ、ローリング・ストーンズ、ボブ・ディラン、レッド・ツェッペリンなど定番を筆頭にロックと名が付けばなんでも聴いた。僕がブルースに痺れたのもこの頃だった。

リーダーと竹安は元々洋楽のルーツミュージックが好きで、ソウルやブルースにも詳しかったし、70年代のハードロックやプログレと呼ばれる音楽も聴いていた。僕とミスターはその辺りの音楽に弱いので、聴きながら教えてもらった。

「やっぱりスティーヴ・マリオットはハンブル・パイだわ。スモール・フェイセスもいいけど、ハンブル・パイ。曲は確かにB級かもしれん。でもそこが愛しいんだわ」

「クラプトンの切り込みギターソロ、ここにぐっとこない奴は、もう一生口も聞きたくない」

「スレイド、めちゃくちゃいい曲ばっかりだし、声もすごいのに、なんで日本での評価こんなに低いんかなぁ。やっぱり顔が悪いからかな。スレイドとハンブル・パイをミックスしたようなバンドになれんかなぁ」

いろいろ聴いているうちにどんな音楽も大体好きになっていったのだが、唯一サザンロックと呼ばれるアメリカ南部出身の白人がやる音楽だけはピンとこなかった。オールマン・ブラザーズ・バンドやレーナード・スキナードなど、どのバンドも、ヒゲ、ハゲ、デブのメンバーがいて、テンガロンハットをかぶっていた。音楽の内容は、少し跳ねたリズムの上にシンプルなコード進行、大味なアレンジに野太い声。そして、どの曲もギターソロが長かった。これだけは未だに苦手だ。

新譜も聴いた。一世を風靡したレニー・クラヴィッツやザ・ポーグスは元々好きな音楽の延長線上にあったのですんなり夢中になれた。意外だったのがザ・ストーン・ローゼズ。僕らがやっている音楽とはかなりかけ離れていたけど衝撃的にかっこよかった。

邦楽はほとんど聴かなかった。というのも当時はバンドブームの真っ最中。かっこいいバンドもいたが、ゴミみたいなバンドも腐るほどデビューしていた。その原因のひとつが「イカ天」だった。僕らは友達の家に集まっては「イカ天」を見ながら鼻で笑ってバカにしていた。時にはかっこいいなと思ったバンドでも、誰かが「なんだ？これ？」と言った途端に「ああ、そうか、このバンドはかっこ悪いのか」と思い込もうとした。

でも実際に僕らがやっていた音楽はそのバカにしているイカ天バンドの亜流、もしくはそれ以下だった。にもかかわらず、僕らはイカ天に出てくるバンドにケチをつけながら、こういうバンドにだけはなってはいけないという共通の認識を作った。

そんな邦楽は認めないという風潮に風穴を開けたのがURCレコードだった。URCレコードというのは60年代から70年代のフォークと呼ばれるジャンルの音楽を出しているレーベルで、当時、復刻CDを次々とリリースしていた。フォークというと、かぐや姫やさだまさしなど、ヒット曲を出した人達しか知らなかったし、湿っぽくて貧乏臭い「四畳半フォーク」のイメージが強かった（ちなみに僕は湿っぽくて貧乏くさい四畳半フォークの代表であるかぐや姫は大好きである）。僕らにとっては歌謡曲と同じカテゴリーで、ロックとは分けて聴いていた。

しかしURCレコードの音は、今まで聴いたことのあるフォークとは全然違っていた。フォークギター一本というシンプルな演奏は一緒だったが、乗っている〝歌〟が決定的に違っていたのだ。URCの人達の歌はウェットなところが少しもなかった。最初に聴いたのは遠藤賢司。後にものすごくお世話になるエンケンさんである。ぶっ飛んだ。ものすごい声だと思った。一発で虜になった。

僕らはURCレコードの音源を聴き漁った。中津川フォークジャンボリーのライブ音源に、遠藤賢司、三上寛、友部正人、早川義夫、高田渡、五つの赤い風船、岡林信康、加川良、はっぴいえんど、中川五郎、etc.。

URCの中でも最も影響を受けた人が3人いる。遠藤賢司、友部正人、三上寛。持っているギターはフォークギターだったが、歌はパンクのようだった。中学からパンクロックやニューウェイブと呼ばれる音楽に夢中だった僕の心臓を一発で打ち抜いたのがこの3人だった。

この3人は、それぞれ全く違う歌を歌っているが、唯一共通している部分がある。それは徹底して〝個〟を歌っているということだ（あくまで僕の個人的な感想だが）。この3人は決して群れないし、他のフォークシンガーが使う〝僕ら〟というワードも使わない。〝僕ら〟ではなく〝僕〟。僕はそこに痺れた。

この3人の歌に出会ってから初めて歌というものを真剣に考え始めた。それまで自分の作っていた歌はただスタイルを上辺でなぞっただけのペラペラで空っぽの歌でしかなかった。それがこの3人の歌を聴いて以来、完全に変わった。真剣に歌のことを考え始めた。そして歌のことを考えることで初めて自分自身と正面から向き合ったように思う。それはすごくワクワクすることだった。

　もうひとつ僕らにとってとても大きかった邦楽のバンドがエレファントカシマシだった。特に「生活」までの4枚のアルバムはみんなでどれだけ聴いたかわからない。エレファントカシマシとの最初の出会いは、Electric Lady Land（通称E.L.L.）という老舗のライブハウスへデモテープを持って行った時のことだった。デモテープを渡しに行く前にみんなでE.L.L.の隣の喫茶店に入ると、バンドマンらしき人が4人座ってコーヒーを飲んでいた。誰も話さず黙々と雑誌や新聞を読んでいる姿が印象的だった。デモテープを渡した後、E.L.L.の入り口に停めてあった機材車を見ると、アルファベットで小さく〝ELEPHANT KASHIMASHI〟と書かれているステッカーを見付けた。

「エレファントカシマシって、聞いたことある？」

「名前は知っとる。さっき喫茶店にいた人達がそうなんじゃないの？」

　そんなことを言いながら、その夜アルバイト先のCD店でエレファントカシマシのCDを初めて聴いた。「浮世の夢」というアルバムで、ファーストアルバムではなく、

3枚目のアルバムだった。ペラペラのギターの上を演歌のような歌が静かに乗っていた。これ、本当に今の音楽なのか？　70年代のバンドの音じゃないのか？と思っていたら、突然ボーカルの絶叫！　え？と思った途端、一曲目は終わった。すごい。めちゃくちゃすごい。

一発で虜になった。次の日メンバーに話して、みんなそれぞれCDを聴き、同じように衝撃を受けていた。

結成して半年くらいで、E.L.L.に出ることになる。月1回レギュラーでライブができるようになり、新曲もたくさん作るようになった。ただ僕らは圧倒的に下手くそだった。E.L.L.にレギュラー出演しているバンドはどのバンドも演奏力が高かった。そんな中、僕らは飛び抜けて演奏力が低かった（もちろん歌も含めた演奏力である）。ただ演奏は下手だったが、妙に自信だけはあった。自分達にしかできない音楽が必ずあると信じ切っていた。

結成して一年過ぎたぐらいのことだった。当時、名古屋のバンドは三重県にあるヤマハの施設へ合宿に行くことが多かった。合歓の郷というところでその一回目の合宿の時にスタジオにこもってできた曲が「夢の列車」という曲だった。飛び上がるぐらい嬉しかった。30年の歴史のなかでトップ5に入るぐらいバンドがひとつになった瞬間。

当時はまだ歌詞も今と違っていたし、全然未完成のものだったが、曲の骨格ができあがった時の緊張感と高揚感は今でもよく覚えている。

やっとオリジナルなものができたような気がした。周り（といっても名古屋の狭い音楽シーンの中だが）を、見渡してみても、あんな曲をやっているバンドは当時誰もいなかった。

新しいというのではない。逆に古臭すぎて誰もやっていなかったのだ。アコースティックギターでのスライドにブルースハープ、そしてAメロをメインボーカリストではないベーシストが歌い、サビのところでボーカリストが出てくるという展開。ブルースによくある列車や汽車をイメージした曲調。さらに曲が2部構成になっていて、2部は全然違うリズムに、全然違うメロディ、サビも違うサビが出てくる。さらに途中、ギター1本になってその尺は決まっていない。つまり、そのギター1本のフリータイムが長くなれば曲はどんどん長くなる。少なくとも5分は優に超える大作だった。

嬉しかった。みんなはしゃいだ。普段、はしゃいだりしない竹安がベッドの上でヒロトジャンプをしたのを見たのもこの日が初めてだった（その後、見ていない）。

その「夢の列車」で自信もついた。お客さんの動員も、少しずつだが増えていき、ワンマンライブもできるようになってきた。

URCレコードに触発され開催した、「中津川フォークジャンボリー」をもじったイベント「フラカンのフォークジャンボリー」も大成功した。ついには名古屋を飛び出し、関ヶ原を越えて大阪（十三ファンダンゴ、寝屋川ヴィンテージ）や京都（磔磔）への単発のツアーもやった。

そうこうしているうちに僕らは大学4年生になった。就職活動が始まる時期である。僕はこのバンドがなくなってもバンドを続けるつもりだったので、就職するつもりはなかったが、リーダーとミスターはそれぞれ就活を始めていた。竹安は浪人していたので、まだ一年余裕があった。

バンドを続けるかどうか、4人で特に話はしなかった。この先、バンドがなくなるのが恐かったのだと思う。なんとなくそういう話は避けていた。先のことはなるべく考えないようにしていた。ただ、僕はもしフラワーカンパニーズがなくなっても、新しいバンドを組んでなんとかなるだろうという自信だけはあった。失敗するなんて微塵も考えなかった。つくづく若さとは恐ろしい。そんな微妙な時期に、ソニーからCDが出せるかもしれないという話が転がり込んできた。

実は結成してすぐくらいに、名古屋のバンドコンテストでCBSソニー賞（そのコンテストの優勝である）という賞をもらっていた。以来、ソニーの新人発掘チームの名古屋担当の人が、時々ライブに来てくれて、たまにごはんをおごってくれるぐらいの付き合いができていた。そんなソニーの中に新しくインディーズレーベルを作るという話が持ち上がり、その所属バンドに僕らが選ばれたのだ。

あくまでもインディーズレーベルなので、メジャーレーベルに所属するわけではない。とはいえ、当時は今みたいに簡単にCDを出せる時代ではなかった。バンドも順調、お客さんの動員も一定の人数は集まるようになっていて、さらに動員が増えそうな勢いもあった。そこに棚からぼた餅のようにCDを出せるという話が降ってきたのだ。舞い上がるなという方が無理である。

話し合った結果、リーダー、ミスターは就職活動をやめ、竹安は大学を中退した。4人でバンドを続けるという選択をしたのだ。

レコーディングは三重県のヤマハ合歓の郷スタジオ。ソニーの担当者が東京から呼んできた元ミュージシャンのディレクターと一緒にレコーディングをするのだが、今まで自分達で作ってきたデモテープの時とは勝手が違っていた。

ディレクターが言うには、ドラマーが通称ドンカマと呼ばれるメトロノームの音を聴いて、一定のテンポに合わせながら叩くのが常識らしかった。

僕らも常識に従って、なんとか悪戦苦闘しながら録音作業を進めていった。しかし一曲「浪漫の花」という歌が、例によって2部構成になっていて1部と2部でテンポ

が違っていた。僕らはそれを良しとしてやっていたのだが、ディレクターには、
「それは不自然でおかしい。アレンジを再考した方がいい」
と言われてしまった。

だが、この曲は自分達の中でとても大切にしていた曲で、アレンジもテンポも変えたくなかった。どんなにおかしいと言われても譲りたくなかった。かなり言い争いをしたと思う。結局、どういう形で折り合いをつけたのか、正直もう覚えていない。

ただその言い争いのなかで、リーダーの目からキラリと光るものが、今にもこぼれ落ちそうになっていたのははっきり覚えている。そしてその溢れんばかりのキラリを見て、僕はこの人と一緒にやってきてよかったと心底思った。その時はメンバー全員熱くなっていたので、たまたま僕が見たのはリーダーのキラリだけだったが、もしかしたら自分も含め、メンバー全員、キラリがあったような気もする。

言い争いもあったが、いろいろとためになるアドバイスやダメ出しももらえ、CDは無事完成し、東京、名古屋、大阪、広島、博多、大分という全国6カ所のツアーもやった。しかしアルバムはトータルで9枚しか売れなかった。

そしてその後、また名古屋でライブを続けるのだが、ある時ソニーの担当者から、東京でプレゼンライブがあるから出てみないかと誘われた。プレゼンライブとは、ソニーの関係者へ向けてのライブイベントのことで、うまくいけば、ソニーからデ

ビューできるという話だった。

　こっちは大学も卒業して（一人中退だが）当時フリーターとかプータローとか呼ばれていたアルバイト生活をしながらライブをやっていたので願ってもいないチャンス！

　そのプレゼンライブは何回かやった。

　だが、なかなか僕達をデビューさせたいといってくれるディレクターには巡り会わなかった。曲が悪いのか、歌詞が悪いのか、それとも演奏力なのか？　一体自分達には何が足りないんだろう？　4人で話し合ってもよくわからなかった。ただ、ライブは順調だったし、自信も付いてきていたので、悲観的にはならなかった。そのうちなんとかなるだろう、と思っていた。

　そんなある時、ソニーの担当者から、

「次のライブでディレクターから声がかからなかったら、ソニーからのデビューは難しい。次がラストだよ」

　と言われた。どうやって挑もうか、全員で話し合った。リハーサルの日を増やし、ステージ衣装も全員新しい服に買い替えた。が、ライブの方向性を変えるつもりは全くなかった。そこには自信があったからだ。変えるのは見てくれだけでいい。あとはいつも通りやれば絶対に大丈夫だと心に言い聞かせて、万全の状態でライブに挑んだ。

　当日のライブは決して悪いライブではなかった。だがどのディレクターからも、やりたいという声はもらえなかった。

ダメなのか。ソニーからデビューはできないのか。自信があっただけに、全員ひどく落胆した。

名古屋へ帰る車の中は悔しさと寂しさが充満していて、誰かが煙草を吸うためにライターを点けたら一瞬で爆発しそうなぐらいだった。

数日後、リーダーのところへ、東京のディレクターから「話がしたい」と電話がかかってきた。

その人は、

「僕は一緒にやりたい。けど自分一人の意見で会社を動かすのは難しい」

と言った。どういうことなんだ？　やりたいって言ってくれてるのに難しいって何だ？　デビューできるのか？　できないのか？　どっちなんだ？

結局その日はデビューできるのかどうかわからないという話で終わった。だが、その後もその人は何回も僕らのライブを観に来てくれた。ある時、その人が東京の大手音楽事務所、シンコーミュージックの人を連れてきてくれた。しかし事務所としてもレコード会社が決まらない限り契約は難しいということだった。

そこから僕らは頭を切り替えた。ソニーと契約できるかどうかは置いといて、いや、むしろもう諦めていた。しかし、このまま名古屋にいても限界が来ることだけははっきりとわかった。

　メンバー全員で話し合って、一年間アルバイトを頑張ってお金を貯めて上京しよう、自分達でレコード会社を探そうという結論を出した。

　そこから一年、それぞれいろんなアルバイトをした。僕は町工場で旋盤《せんばん》をやったり、電気工事の現場に出たり、葬儀屋を手伝ったりした。町工場の先輩に初めてフィリピンパブへ連れていってもらったこともあった。一番若かった僕は大モテだった。僕の隣に誰が座るのかで女の人達が喧嘩していた（あの日が僕の一番モテた日だったと思う）。

　リーダーはガソリンスタンドにスナックや寿司屋の配達など、とにかく一番いろいろな業種で働いた。ミスターは病院へ血液を運ぶ仕事。竹安は、何やってたんだっけ？　思い出せないが、全員働きまくって、引越し資金を貯めた。

　ライブも精力的にやった。その一年のテンションの高さといったらなかった。引っかかってくれなかったソニーに対して今に見てろという気持ちがはち切れんばかりに膨らんでいた。１９９３年、あの一年の熱量は30年の歴史の中でも一番だったかもしれない。普段ネガティブなことばかり考えてしまう僕でも、あの時は違った。未来に夢しかなかった。長渕剛の「とんぼ」の一節「死にたいくらいに憧れた〜花の都大東京〜」というフレーズが大げさに聞こえなかった。それぐらい燃えていた。

　そして一年後、24歳の時、メンバー全員が上京することになる。結局レコード会社も決まらず、事務所も仮の契約だけだったが、不安は全くなかった。幸いなことに事務所が引っ越し資金を少し工面してくれたのとメンバーで共同生活できるマンションを安く貸してくれた（僕だけは共同生活が嫌だったので、世田谷の上町に風呂なし、便所共同の六畳の部屋を一人で借りた）。僕はみんなより一足先に夜行バスで上京していた。

1994年2月4日、みんなが一台の車に乗って上京したその日、名古屋は何年ぶりかの大雪だった。

「スタンド・バイ・ミー」という映画がある。大好きな青春映画だが、30年の歴史のなかで名古屋時代の五年間はまさに青春そのものであり、僕らにとっての「スタンド・バイ・ミー」だった。メンバーも映画と同じく、4人。ミスターは上京するまで太っていたので、食いしん坊のバーン。竹安は眼鏡をかけているのでテディ。となるとリーダーがクリス？　リバー・フェニックス？　「ジョーカー」をやったホアキン・フェニックスのお兄さん。うーん、めちゃくちゃ大目に見ないといかんが、いいだろう。そしてこれを書いている僕はゴーディか。

フラワーカンパニーズの第一期青春時代である名古屋編は映画の主題歌でもあるあの有名なベースラインとともに始まって、最後、静かに東京の街へとフェイドアウトするのだ。

×尾崎世界観

おざき・せかいかん＝１９８４年生まれ。４人組ロックバンド「クリープハイプ」のボーカル・ギター。主な著書に『祐介』『泣きたくなるほど嬉しい日々に』など。

歌い続けるために

鈴木　俺今年で50歳になるんだけど、自分にとって節目になる歳ってあるよね。俺は30歳になる時、気持ちが重たくてしょうがなかったんだけど尾崎君はそういうのある？　今年で35歳だよね。

尾崎　はい。35歳は節目というか、キリのいい感じはしますね。年齢のことを考えたら、音楽をやりながらここまでこれたことが実感として一番大きいです。圭介さんは35歳の時はどうしていましたか？

鈴木　ちょうど「深夜高速」が出るぐらいの時期になるけど、あの時は給料も少ないし、お客さんが増えるわけでもない、というか減ってくる気がして……メジャーの契約もとっくに切れていて、ツアーばっかりで移動はキツいし、メンバーとの会話もなくなってくるしで結構しんどかった。

尾崎　ツアーの移動で、東京から鹿児島までの車中、誰一人一言も話さなかったという伝説がありますよね……。

鈴木　いや、誰一人じゃなくて、俺だけね。俺、「お疲れ」も言わなかったもんな。16時間一言も話さなかった。今もそうだけど途中のサービスエリアでも俺は誰とも話さないから、サービスエリアに着いた時点では飯を食うかどうかもわからないの。もう察するしかない。腹減っている時なんかは、誰か食券買いに行かないかなーってじっと見てる。気持ちが全然休まらない。休憩所なのに（笑）。

尾崎　16時間無言で過ごせるって、逆に仲がいいと思いますけどね。

鈴木　35歳の頃はこんな暮らしがずっと続くかと思うと苦しかった。転職も考えた。当時はツタヤで映画ばっかり借りて観てたから、ほぼ全ての棚を把握してたのよ。今は変わってるかもしれないけど、その頃はジャンル別に加えて監督別、俳優別の棚もあって、「ミーン・ストリート」はマーティン・スコセッシの棚に並んでいても「タクシードライバー」はロバート・デ・ニーロの棚に行かなきゃ置いてないとか、そんなことを完璧にマスターしちゃっていたんだよ。これは現役の店員より俺の方が仕事早いし、絶対面接受かるわって思ってタウンワーク見たら、応募資格が35歳までだと……「俺リミットだ」って震えたね。この能力をいかす術がないのか！もう音楽しかないのか！と。それまではどこかでやめるタイミングを探していたんだけど、気付いたら見事に逃してたんだよ。

尾崎　やめようか考えていた時期もライブは楽しめていましたか？

鈴木　テンションが上がってガーッとやれることもあったけど、ダメな時は本当に何もつかめなかった。自分がライブをノルマみたいにこなしているだけで、心に引っかかるものが何もない。尾崎君も『苦汁200%』に書いていたけど、ライブはお客さんとの絡みだけじゃなくて、まず自分の足場を固めていくものじゃない？

尾崎　こなしてしまっている時は幽霊みたいに足がない、ということですよね。

鈴木　うん、ライブをやっている実感が湧いてこない。逆に全然声が出てないのに、ものすごく何かをつかんだ感じがすることもある。自分の調子の問題なのか、お客さんの雰囲気なのか、全てが作用してそうなるのか、未だにわからないところもあるんだけど。

「深夜高速」が始まった瞬間、空気が変わった

尾崎　転職まで考えていたところから「深夜高速」が生まれてきた。その

深夜高速
作詞・作曲／鈴木圭介

青春ごっこを今も
続けながら旅の途中
ヘッドライトの光は
手前しか照らさない
真暗な道を走る
胸を高ぶらせ走る
目的地はないんだ
帰り道も忘れたよ
壊れたいわけじゃない
壊したいものもない
だからといって全てに
満足してるわけがない
夢の中で暮らしてる
夢の中で生きていく
心の中の漂流者
明日はどこにある？

時の心境はどうだったんですか？

鈴木　「深夜高速」は元々ツアーの合間にライブで売るための繋ぎの曲として作った中の一曲だった。できた時は「いける！」と思ったけど、メンバーも当時のディレクターも誰一人「いい」とは言わなかったんだよ。リーダーからは「今の気持ちがそのまま現れ過ぎで痛すぎる」って言われてしまったし。

尾崎　でも、そう歌うしかなかったということですよね。そうじゃないと圭介さん自身がつぶれていた。

鈴木　「痛い」って言われる可能性があるとは自分でも思ってたから、不安だったけどね。何回かライブで歌っていくうちにお客さんの反応を見て「あ、この曲はいい曲なんだ」と少しずつ自信が付いてきた。つぶれなかったのはお客さんの反応のおかげもあるね。

尾崎　僕が初めてフラカンのライブに行ったのが、渋谷のO－WESTのワンマンなんですけど、その時にちょうど新曲として「深夜高速」をやっていました。「深夜高速」が始まった瞬間、一瞬で会場の空気も変わった。ライブが終わった後もCDを買うのに長い行列ができていて、しかもファンだから買っているというより、単純にその曲を聴きたくて並んでいる。

生きててよかった
生きててよかった
そんな夜を探してる

年をとったらとるだけ
増えていくものは何？
年をとったらとるだけ
透き通る場所はどこ？
十代はいつか終わる
生きていればすぐ終わる
若さはいつも素裸
見苦しい程ひとりぼっち

生きててよかった
生きててよかった
そんな夜を探してる
生きててよかった
生きててよかった
生きててよかった

会場の反応を見ながら、自分はまだライブでこういう経験はしていないと思いました。

鈴木　そういった行列もそうだし、会場の雰囲気がガラッと変わるのも「深夜高速」が初めてだったね。この時はフラカンを知らない人も「あの曲はどれですか？」ってCDを買っていってくれた。そういう反響のおかげなのか、その次の年の「SET YOU FREE」にも呼んでもらえたんだよね。当時は銀杏BOYZ、サンボマスター、ガガガSPとか、いわゆる青春パンク系のバンドが多く出演していたから、その中に俺らが出ていって「真冬の盆踊り」を歌っても、楽しそうにしてる人は3人くらいしかいないのよ（笑）。そこに来てるお客さんが求めているものと全然違うから。でも「深夜高速」はそのお客さん達にも受け入れてもらえたんだよね。

尾崎　僕も当時は青春パンクをよく聴いていました。「深夜高速」が出た2004年には、僕もバンドを組んで3年目に突入していたんですけど、全くうまくいかなくて、音楽を続けることに壁を感じていた時期だったんです。どうしたら売れるのか、そればっかり考えていました。銀杏BOYZは人気があったけど、自分が表現したい方向とは違うし、自分みたいな歌い方や歌詞で成功している人はいないか探している時に、フラカ

そんな夜はどこだ

僕が今までやってきた
たくさんのひどい事
僕が今まで言ってきた
たくさんのひどい言葉
涙なんかじゃ終わらない
忘れられない出来事
ひとつ残らず持ってけ
どこまでも持ってけよ

生きてててよかった
生きてててよかった
生きてててよかった
そんな夜を探してる
生きてててよかった
生きてててよかった
そんな夜はどこだ
いこうぜ　いこうぜ
全開の胸で

ンに出会ったんです。

絶対このバンドと対バンする

鈴木　『祐介』にも書いていたけど、メンバーが誰も来なくなっちゃった話はその頃のことなの？　あれはほぼ事実？

尾崎　そうです。メンバーが来なくなる前のイベントで、メンバー一人一人に「何人お客さんを呼ぶか」ノルマを課したんですよ。僕としてはそうすることで士気を高めるつもりだったんです。でもお客さんが全然入らなかった。打ち上げでも誰も話さなくて、最悪な雰囲気のまま別れたら、次のライブにメンバーが誰も来ないという……。でもライブハウスにノルマは払わなければいけないし、こうなったら自分一人でも出してもらおうと頼み込んだんですけど、「弾き語りはダメ」と断られて。結局ノルマだけ払って虚しく帰りました。

鈴木　……壮絶だね。俺だったら確実に心折れてツタヤにすがりついてでも雇ってもらいたいところだよ。

尾崎　フラカンに出会ったのが、誰もメンバーがいないこの時期だったん

いこうぜ　いこうぜ
震わせていこうぜ
もっともっと
もっともっと
見たことない場所へ
ずっとずっと
ずっとずっと
種をまいていく
全開の胸
全開の声
全開の素手で
感じることだけが全て
感じたことが全て

生きててよかった
生きててよかった
生きててよかった
生きててよかった
生きててよかった
生きててよかった

です。他のバンドから「フラカンの影響すごい受けてるね」と言われて。正直その時はバンド名は知っていたけれど、まだちゃんと曲を聴いたことがなかったんです。でもその人が「いや、そんなはずない。絶対聴いてるよ。隠さなくていいから！」って（笑）。

鈴木　「深夜高速」が出る前の頃ってことだよね。確かに知っている人の方が少なかったと思うよ（笑）。

尾崎　その人が「東京タワー」を貸してくれて、一気に好きになりました。このバンドに影響を受けていると思われたことも嬉しかった。圭介さんの歌い方も歌詞も、自分が目指したいと思うものだったし、フラカンがメジャー契約が切れて自主レーベルを作って活動しているところも、自分と重なりました。自分も頑張ったら売れる可能性があるかもしれないと、折れかかっていたところに希望が持てました。その頃はもう音楽も聴きたくない、ライブにも行きたくないぐらいに絶望していたんですけど、フラカンを生で見たくて、なけなしのお金でチケットを取りましたね。

鈴木　そのライブが渋谷のO－WESTなんだ。そういえば、こないだ吉祥寺にあるPlanet－Kっていうライブハウスの20周年ライブに呼んでもらったんだけど、店長が尾崎君とO－WESTに行ったって話をしてたよ。

吐きたくなるほど
愛されたい
作詞・作曲／鈴木圭介

寂しいとかもう
悲しいとかもう
泣きたいとかもう
あきあきしたんだ

愛されたくて
今夜ももがいて溺れて
愛されたくて
煮え切れずに黙ってる

苦しいこと全部
くしゃくしゃに丸めて
真夜中の隅に
こっそり投げた
次の日の朝になって
2倍で返ってきた
ああもう

尾崎　松木君ですか？　実は彼に「フラカン好きなんでしょ」と言われたんです。ＣＤも未だに借りっぱなしで、ちゃんと返さなきゃいけないですね（笑）。

鈴木　そう、松木君。なるほど、松木君は俺達と尾崎君を繋いでくれた恩人になるんだね。

尾崎　そのライブで「吐きたくなるほど愛されたい」を聴いた時、すごく泣いてしまって。歌詞がもう笑えるくらい切実だし、圭介さんが青筋立てて必死に歌っている姿を見たらこみ上げてくるものがありました。それで、絶対このバンドと対バンをするまではやろうと決めたんです。松木君の夢も、フラカンと対バンをすることだったんです。彼も音楽の業界に残っていて、こうした形で繋がっていくのは面白いですね。別の形ですけど、フラカンと音楽をやる夢が叶ってよかったです。松木君とそのライブの時に、乾杯したんですよ。「いつかフラカンと対バンしよう」って。

鈴木　あんまり褒めてくれるからお世辞なんじゃないかと疑ってたんだけど（笑）。俺こそ感謝しなきゃな、彼に。

尾崎　僕はそこで希望が持てたので、その時期に圭介さんがやめようとまで考えていたのは意外でした。

涙も出ない

捨てるもんなんか
もうない
欲しいもんなんか
もうない
確かなもんはない
確かめられない
どこへもいけなかった
自分の回りばっか
ぐるぐる回って
まだここにいる

愛されたくて
今夜ももがいて溺れて
愛されたくて
煮え切れずに黙ってる
死にきれずに笑ってる
今夜も

手を少しだけ切って

鈴木　そんな風に思っていてくれた人がいたことが意外よ（笑）。でも35歳で音楽以外になんの経験もない人間が転職するのは厳しいってこともよくわかったし、「深夜高速」で少しは自信も付いたから、それ以降はやめたいとは思わなくなった。その代わり「続けないといけない」というのが目標に入ってきた。そういった意味で35歳が俺の中でひとつの節目なの。

見晴らしが良くなった

尾崎　35歳の頃と今、曲作りの面で何か変わったことはありますか？

鈴木　30代の頃は、やりたいこともあったけど、それ以上にこれもあれもやらなきゃって焦りの方が多かったね。実験的な音楽をする若手のバンドが目立ってきた時期でもあったから、自分達も新しい手法でいかないと取り残されるんじゃないかって思ったり。

　でも、今は自分のできること、できないこともわかってきたし、無理して新しいことをひねり出すよりも、自分が歌えることを歌っていけばいいと思えるようになった。前より少しだけ見晴らしが良くなった感じがする。もう50歳だし音楽を続けられるのもあと何年もないんじゃないかって逆算

薄赤い血をなめた
馬鹿々しくて
毛布をかぶった
迷う程道はなくて
選ぶ程余裕なくて
終わる程勇気なくて
まだここにいる

愛されたくて
今夜ももがいて溺れて
愛されたくて
煮えきれずに黙ってる
死にきれずに笑ってる
今夜も

くもり空の向こうでは
夏の嵐が待っている
色が抜け落ちてゆく
音が消え去ってゆく
匂いが吹きとんでゆく
全部さらわれてゆけ

するようになってきた。だから今は曲作りもライブも楽しみたい。若い頃は爪痕残すぞって気持ちだけでいっぱいだったけど。

尾崎　僕も10代の頃はとにかく前に前に押し出していこうと思ってやっていました。逆に言うと、力を入れることくらいしか自分にできることがなかったんです。でも、フラカンのライブを観て、グーッと力んでやっている姿に惹かれたところもあって、「爪痕を残そう」と思うこともいいことだと改めて思いました。

鈴木　そうだね、その頃はそれしかできなかったから切実だったと思う。とにかく歌うというより、がなってるって感じだったな。ワンマンライブで自分が出せるギリギリの高音でずっと声張りっぱなしだったもんね。やたらキーキー叫んでた（笑）。今は丁寧にちゃんと歌おうと思ってやってる。

尾崎　その時の自分の限界はありますよね。お客さんに見せるからには、パフォーマンスとして成立していないといけない。今、ワンマンだとどのくらいの時間になりますか？

鈴木　最近は1時間半くらいで終わるようにしてる。これまでが長かったからね。当たり前のように2時間以上やってたから。ライブはやり手側の

バイバイ

愛されたくて
今夜ももがいて溺れて
愛されたくて
死にきれずに笑ってる
愛されたくて
終わりのないものなんて
何もなく
愛されたくて
ふりだしにさえ戻れない

どこへも行けない
帰る場所なんてもうない
乗り遅れて
乗り過ごして
見失って
堂々めぐって

半径30㎝の世界の中で
満身創痍で傾いて

意志でやり切るのがいいってずっと思っていたんだけど、お客さんのことを考えたら椅子もないのに2時間立ったままはキツい。以前はアンコール3回とかやってたこともあったしね。

尾崎　僕らはアンコールをやめました。アンコールは予定調和なところがあるじゃないですか。お客さんも出てくるとわかっていてやっているし、僕らもそのことをわかっている。その不自然さが前から気になっていて、アンコールをやめたんです。でも、意外とお客さんからの反響もいいですね。

鈴木　長くやればいいってことではないもんね。俺はMCでグダグダと喋り過ぎちゃうのよ。しかも全然曲と関係ないようなこと……こないだも浅草公会堂でやったとき、修学旅行は浅草寺と東京ディズニーランドどっちがいい?とかどうでもいい話を延々にしちゃったから反省してるんだよ。最近は、ここの箇所は3分で次の箇所は5分でとか、自分の中である程度の時間は決めてるんだけど、うまくいった試しがない（笑）。こればっかりは何度やってもうまくいかないね！

尾崎　本当にずっと喋っていて、圭介さんのMC大好きです（笑）。

半径15㎝の世界の中で
何だかもう疲れた
ほんの一瞬の
夢だったんだ
ほんの一瞬の
花だったんだ
スカイダイビング
スカイダイビング
地面に着くまで
あと何秒?

何が出来る?
何がしたい?
何が見える?
何が見たい?
何も見えない
何も見えない
何もない
もう何もない

あぁもう

誰かを包み込むような歌

鈴木　尾崎君は文章の仕事でも活躍しているじゃない。そのことで音楽の方に影響があったりはしないの？

尾崎　矛盾するような言い方ですけど、文章を書くようになって、改めて自分には音楽しかないと思うようになりました。

鈴木　『苦汁１００％』のなかで「(音楽には)ずいぶん裏切られてきたけど良い距離感で付き合えるようになった。こっちもいつだって音楽を裏切る準備はできている」って書いていたじゃない。正直俺にはこの感覚がわからなくて。

尾崎　それまでは音楽しか自分にできることがなかった分、音楽に対して余裕が全く持てなかったんです。今だって余裕はないけれど、例えるなら、恋人に対して「いつでも別れられるよ」というような感じです。実際は別れたいなんて全く思っていないんですけど、必死にしがみついていなければ離れていってしまう恐さはなくなったというか。強がりでも余裕を見せられるようになりました。

ただ、音楽の大切さを実感するためだけに文章を書いているわけではな

あぁもう
このままずっと
死ぬまでずっと
涙なんか流れない
涙なんか流せない
涙なんか流れない
涙なんか流れない

いので、やるからには文章でも結果を出していきたいと思っています。

鈴木　文章もすごい頑張っているよね。小説を書いていることにも関わってくるかもしれないけど、尾崎君はデビューした時から女性視点の歌詞を書いているじゃない？　アルバムの中に一曲は入っていて、ある意味尾崎君のスタイルというか。俺は自分の視点からでしか歌詞を書けないし、0からの創作はできないタイプなんだよ。尾崎君は小説もそうだけど、歌詞でも自分ではない人の視点でも書いているじゃない。歌詞に出てくる女性は、尾崎君自身を代弁している存在なのか、それとも全く想像上の女性なのかが気になるんだよね。

尾崎　昔から女性に対して憧れがあるんです。僕は、辛い別れとか過酷な状況をよく歌にします。「こんなことがあって幸せです」という歌なんて誰も聴きたくないと思うし、それだけで売れる人もほとんどいないと思います。だけど自分の視点だけでは、その過酷さを乗せきることができない、僕の器じゃ耐えられない。だから女性を主人公にして……自分が入っているわけではなくて、女性の大きさに救ってもらっているんです。甘えではあるんですけど。

鈴木　「大丈夫」って歌があるじゃん。女の子の言葉で歌ってくれるから、より幸せな感じがするよね。

尾崎　「大丈夫、どんなに情けなくても　あんた歌ってるときは格好良いから」、こんな歌詞を街中で歌っている男がいたら確実に危ない人間ですよね（笑）。でも、女性の言葉で歌った方が、気持ちは伝わりやすい気がします、共感してもらえることも多いので。あと、ここ何年かは普段であれば恥ずかしくて言えないような、感謝だったり、誰かを包むような言葉を歌うことの方が尖っている表現だと思うようになりました。丸くなったと言われることもありますけど。

鈴木　「バンド」って、尾崎君がメンバーに向けて書いた曲があるでしょ。聴いた時に鳥肌がたった。特に尾崎君がソロで「ギターもベースもドラムも全部うるさいから消してくれないか　今はひとりで歌いたいから　少し静かにしてくれないか」って歌った後に、徐々にメンバーが加わってバンド演奏に変わっていく。バンドが過ごしてきた時間というか、いろいろなことを経て今のクリープハイプなんだなってことが伝わってくる。本当にすごい曲だと思った。「バンド」ってタイトルはものすごくシンプルだけど、すっきりしたことは言っていないんだよね。「疑いは晴れずでも歌は枯れず　付かず離れずでこれからも」と。感謝をしてはいるけど、もやもやっとしたところは残したままにしている。それはこの曲に限らず、尾崎君の書くものに対して俺が思っていることなんだけど。

尾崎　すっきりしたことは言えないですね。音楽を始めてからずっともやもやしています。成功しても次はないんじゃないかという不安は常にあります。

鈴木　音楽もそうだけど、文章も手を抜かないし、新しいことにどんどん挑戦しているけど、その不安が原動力にもなってるのかな。

尾崎　貧乏性なので仕事を断れないんですよ。せっかく声がかかったのにこのチャンスを無駄にしていいのか、もったいないと思ってしまう。でも最近は、できないことは最初にちゃんと断るように意識しています。断り切れずに引き受けてしまったものは、結局うまくできないことが多いので。

鈴木　岡本太郎が「私は、人生の岐路に立った時、いつも困難なほうの道を選んできた」って言葉を残しているんだけど、尾崎君はまさに岡本太郎タイプだよね。俺はもう全然ダメで楽な方を選んじゃう。だから俺一人だったら絶対ここまで来れなかったよ。さすがに面と向かって言わないけど、メンバーには感謝してる。

バンドらしさが増した

鈴木　「バンド」を聴いた時も思ったんだけど、クリープパイプの雰囲気がすごく変わったと思うんだよね。バンドらしさが増したというか。メンバーそれぞれ役割がはっきりしてきた感じがする。

尾崎　フラワーカンパニーズとクリープハイプはバンドの感じが似ている気がします。特にマエカワさんとカオナシは、キャラクターは全く違うけれど、バンド内での役割は同じですよね。バンドの行く末を考えて、今後の道筋をしっかり組み立ててくれる。

鈴木　確実な道を切り拓いてくれるんだよ。俺なんか中学の時、放課後何をして遊ぶかまで決めてもらっていたからね（笑）。自分達でもバンドやってて変わってきた気する？

尾崎　メンバーがそう思っているかはわからないですけど、僕は前より口うるさく言うことが減ったかもしれません。今までは「もっとこうしてくれ」と言ってましたけど、今は最低限やっていれば余計な口出しはしないですね。

鈴木　信頼が置けるようになったってことだね。尾崎君は自分に対して厳しい分、周りに対しても厳しく対応できるんだよね。俺も昔はそうだったけど、ある時からもう疲れちゃって、他のメンバーに任せるようにしたね。そこを絶えず崩さず、ちゃんと怒れるのはすごい。

尾崎　怒ることは、プレッシャーになりますけどね。自分ができていなかった時に矛盾が生じるわけじゃないですか。ただ、そういうプレッシャーは必要だと思っています。圭介さんが怒らなくなったきっかけはあるんですか？

鈴木　最初のメジャーとの契約が切れた後、インディーズでリリースするようになった時に、お金がないからプロモーションが全てなくなったのね。それまでは出演依頼があっても文句言ったりしてたの。

例えば「朝7時放送のラジオ用にコメントをください」とか言われても「朝7時に新譜が出ますって告知したって、それで買う人がいるとは思えません」とか。でも、プロモーションの機会が全部なくなって初めて、宣伝ってめちゃくちゃお金も手間もかかるし、担当者が頭下げて取ってきてくれてるんだってことが初めて実感としてわかったの。そこからはもうなんでもやるようになったね。だから仕事でちょっと嫌な人に会っても、まぁいいだろうと流すようになった。でもさ、前に尾崎君が俺の代わりに怒ってくれた時は感動したよ。

尾崎　マエカワさんと3人でラジオに出た時ですよね。MCの方が「ちょっとバンドマンを転がしてやろう」という感じで、圭介さんに対してものすごく失礼だったんですよ。「俺はいいけど、ちょっと待てよ」と。

鈴木　収録が終わった後の廊下でさ、尾崎君がリーダーに「今の人、ちょっと圭介さんに対する接し方が酷過ぎませんか！」ってずっと怒ってくれてて。俺、それを隠れて聞いてたのよ（笑）。俺のプライドのために尾崎が怒ってくれてる！　尾崎！　ありがとう‼って。

尾崎　聞いていたんですね。それをマエカワさん相手に言うのもおかしいですけど（笑）。

鈴木　遠藤賢司さんも周りに対してすごく厳しい人だったんだよね。俺はちゃんとやっているから、同じ熱量で来てもらわないと困る、そうやって人を叱ることができる人だった。尾崎君のことを口が悪いと誤解する人もいるかもしれないけど、ただ厳しいわけじゃなくて、そこに愛情もちゃんとあるから「バンド」みたいな曲が生まれてくるわけだよね。

尾崎　そこで帳尻をあわせています（笑）。フラカンは今年で結成30周年を迎えて、バンドで変わったと思うことはありますか？

鈴木　２０１０年にドラムのミスターが骨折しちゃって。その後すぐツアーがあって、ウルフルズのサンコンJr.とThe Birthdayのキュウちゃんがサポートで入ってくれたんだけど、結成してから他の人とがっぷりと一緒にやったことがなかったから新鮮だったのよ。それで、冗談なんだけど、ミスターが戻ってきた後のライブ中につい「替えが効く」とか言っちゃったのね。本当は、叩く人が変わるだけで演奏ってこんな変わるから、ミスターは必要だっていうことを言いたかったのに、照れ隠しがおかしな感じになっちゃってシャレに聞こえなくなっちゃった。なんてことを言ってしまったんだろうって今でも後悔してるよ。

　思えば中学時代の同級生とずっと一緒に音楽やってこれたんだよね。上京して音楽を仕事にもすることになってから、どこかうしろめたさみたいなものがずっと張り付いていたんだけど、最近は素直に続けてこられたことがありがたいなあって思えるようになったかな。他のメンバーもそうだと思う。前よりもお互いに思いやりができた。おっさんどうしが気持ち悪いけど（笑）。そこが変わったところかな。

人間として0からやり直す！

尾崎　圭介さんは今年で50歳になるんですよね。今年の目標はありますか？

鈴木　今40代から60代の男性の引きこもりが増えてるってニュースで見たんだけど、全く他人事じゃないんだよ！　俺ツアーがない時って、ちょっと外出するのもめんどくさくてさ、食事もレトルトカレーで済ませちゃう。そんなだから全然人付き合いもなくて、そうするとだんだん気持ちが沈んでいくのよ。俺、お酒吞まないんだけど、もう50歳だし、妙齢の男らしく酒付き合いを実践しようかと……もちろん適量ね！

尾崎　吞めないわけじゃないんですよね。じゃあ僕も革ジャンを着ていきますから、革ジャン吞みをしましょうよ。どんな予定が入っていようとも必ず空けます。圭介さん、一度断ったら二度と誘ってくれない気がするので（笑）。

鈴木　いやいや、全然いいよ！　忙しいのわかってるし！　逆にもし俺が本当に誘ったら「ああもう、吞みに行きましょうなんて社交辞令なのに本当に誘って来ちゃったよ」って思うでしょ……。

尾崎　そんなこと思いませんよ（笑）。

鈴木　大丈夫かなー嫌われないかなー……とかね、とにかくそういうことが気になっちゃうんだけど、でも50歳になるおっさんが言うことじゃないから、そういうのもやり直す！　人間として0から全部やり直す！

尾崎　二人目の圭介さんが生まれるんですね！

鈴木　うん、頑張るよ。……ちょっとお付き合いください（笑）。

尾崎　ぜひ。僕も50歳まではライブを続けたいです。あと15年。僕が50歳になった時に、今日話した言葉を思いだして、「あの対談がターニングポイントになったな」と思うかもしれません。

×角田光代

かくた・みつよ＝1967年生まれ。小説家。『対岸の彼女』で直木賞、「ロック母」で川端康成文学賞、『八日目の蝉』で中央公論文芸賞。新訳『源氏物語』全3巻が完成。

言葉が生まれる時

角田　フラカンは今年で30周年ということですが、実は私も来年デビュー30周年なんです。年齢も近いですよね。

鈴木　そうなんですね、おめでとうございます！　僕は今年で50歳になりましたが、相変わらず昼に起きて空が明るくなるころ布団に入るという自堕落な生活をしています。角田さんが9時〜17時まで毎日職場に通って小説を書いているという話を伺った時は心底驚きました。まるでＯＬさんじゃないですか！

角田　19時からはお酒を呑むって決めているので、17時には絶対に切り上げます。楽しみがあるからこそですね。残業は絶対嫌なので、仕事が終わらない時は朝早めに出社したりもします。

鈴木　僕の就寝時間が角田さんの出勤時間かもしれない（笑）。角田さんと僕は年齢もそうだけど、活動の時期も同じくらいなんですね。小説と音楽では表現の仕方も全然違うとは思いますが、言葉を使って表現することについて、角田さんにお伺いしたいことがたくさんあって。すごく単純な質問ですけど、どうして小説家になろうと思ったんですか？

角田　私は早生まれなので子どものころは体も小さくて、保育園で他の子ができることもできず、だれとも話さずに絵本ばっかり見ていたんです。

　でも小学校に入学して「あいうえお」を習ったら、文章が書けるようになったんです。そしたら自分の中で何かが開いたんですよ。文章を書けば、自分が思っていることを誰かに伝えることができるんだーって。小学校2年生の時には作家になると決めて、そこから国語以外勉強しなくなりました。だから私、いまだに九九もできないんですよ。気付いたら作家を選ぶしかなくなってしまった。

鈴木　小学2年生で！　角田さんは、文章を書くことがずっと好きなんですね。僕は苦手で、ちょっとしたエッセイの依頼でも逃げたくなる。

角田　でも鈴木さんはずっと作詞をされていますよね？　私は文章を書くのは好きなんですが、詩だけは絶対に書けないんです。挑戦したこともあるし、実際に歌詞を依頼されたこともあるのですが、自分にはできないなと断ってしまいました。詩を書くのは苦痛ではないんですか？

鈴木　歌詞は一見脈絡がなくて支離滅裂でも、何かひとつ刺さるフレーズがあれば、成立すると思うんです。いわゆる文章とは書き方が違うのかなと。僕も、この言葉を使いたいから、その言葉が引き立つように他の言葉を付け足していくことはよくあります。

角田　なるほど……。だったら全部話を作ってしまった方がいいや、と思ってしまう。

鈴木　小説を書くことって、世界を0から作っていくことだと思うんです。大槻ケンヂさんが「小説を書いている時が一番ストレスがたまってつらかった、あれに比べたらライブは屁の河童」とおっしゃっていて、なんとなくわかるなーと。小説は順序どおり進めていかないと、ストーリーにならないし、しかも歌詞とは文字量というかスケールが全然違う。その世界を作ってしまう角田さんの脳みそはどうなっているんだろうかと。常に物語のアイデアを考えているんですか？

角田　でも、だから執筆時間を9時17時に限定したんだと思うんです。小説のことはいつでもどこでも考え続けることが可能だから。意図的に切るために17時で切る必要があったのかもしれません。

私小説に近い感じ

角田　鈴木さんは、この言葉を使いたいって衝動があるんですよね。その時に歌詞を書くんですか？

鈴木　いや、僕の場合はリーダーが年間スケジュールを組んでくれるので、この時期には作らなきゃいけないってことが把握できるんですね。その時になってようやく重い腰を動かすというか……。

角田　その時期に入るとぱっと書けてしまう？

鈴木　一応普段から、これは使えそうだなとか、思い浮かんだ言葉はメモしているんですけど、いざ書く時には大体は使いものになりませんね。例えば最近だと「パワハラ」とか。でもなんでこれをメモしたのかはもう覚えていない。なので、必要に迫られないと本当に使えるものは出てこないです。角田さんは毎日書くということですが、今日は何も思い浮かばないなーとか、そういうことはないんですか？

角田　ないんですよ。私みたいに書くことを習慣づけてしまうと。

鈴木　ないんですか！　イメージですけど、作家さんはそれこそ思い付いた瞬間に衝動的に書く、でも思い付かなきゃ一切筆を執らずただ酒を呑む！みたいなイメージでした。

角田　私もそういうイメージを持っていて、芸術家肌に憧れていた時期もあって、20代の頃は徹夜したりしていました。でも30代に入ってから、この書き方は全く自分に合っていないって気付いたんです。自分はコツコツ書かないと書けなくなる。それで規則正しく書くようにしたら、そっちの方がずっと合っていたんですよね。

鈴木　毎日書くようにするとアイデアが尽きないってことですか？　それもかなりすごいと思うんですが。

角田　筆がすごい乗ることもないんですけどね。連載小説を書く時には、起承転結のプロットをまず決めてから書き始めるので、うまく書けないことはあっても、プロットに沿えばいいので話が進まなくなることはなくて。プロット自体が浮かばない時は困ってしまいますが。

鈴木　僕らでいうとアルバムのテーマやコンセプトを考えるのに近い感じでしょうか。

角田　テーマは決まっていて、こういうアルバムが作りたいと思っているのに、曲が出てこないという感じでしょうか。小説連載の依頼って3、4年前にされることが多いのですが、3年間考えても何も出てこないこともあります。でも始まる時が近付けば何かしら出てくる。

鈴木　頭の片隅にプロットのことが常にあって、気付かないうちに蓄積されていったものが現れてくるということですよね。

角田　そうですね。私は物語が降りてくるとか、思い付いた途端に自動筆記のように書ける人間ではない、そのことに気付けたことが良かったんだと思います。鈴木さんは創作のスタイルもそうですが、芸術家タイプだと思います。私からしたら、書こうと思った時に言葉がすぐ出てくることの方がすごいですし、羨ましいです。

鈴木　僕は自分の経験とか、考えていることからでしか歌詞が書けないんです。言ってみればドキュメンタリー映画のように、カメラの前で僕自身が淡々と喋っている、告白しているようなことに近いです。フィクションとは全く別のことじゃないかなと思います。

角田　小説で言うと、私小説に近い感じでしょうか。例えばさっきおっしゃっていた「パワハラ」を歌詞に取り入れる場合は、その言葉と自分の世界をリンクさせて書いていくのでしょうか。

鈴木　そうですね。例えば過去に、自分が誰かに「パワハラ」をしてしまったんじゃないかと思い返しながら書く。ただ歌詞の内容の100%が自分かと言うと、必ずしもそうではなく、こうした方がドラマチックじゃないか、伝わりやすいんじゃないかと広げていったりもします。ちょっと大げさすぎたなと思ったら、また振り出しに戻る、その繰り返しです。時々、自分の思ったことをそのまま書くと、意味がわからないと言われることもありますが、僕が実際に思ったことだからしょうがない、と言い訳にしてしまうこともあります。

角田　曲でいうと例えば？

鈴木　「吐きたくなるほど愛されたい」は、ほとんどが実体験です。「手を少しだけ切って 薄赤い血を舐めた 馬鹿馬鹿しくて 毛布をかぶった」という歌詞は周りから「どういうこと？」と聞かれることが多いです。でも、本当にそのままの意味で、自分でも何やってんだかなーと思いながらやったことを書いただけなんです。逆に言えば、僕は創作ができない。角田さんが以前「小説の世界にひとつでも本当のことを持ち込めば、物語が崩れてしまう」とおっしゃられていて、すごく衝撃を受けたんですね。僕がやっていることがまさにそうなので。

角田　私は自分のことは書かないし、書けないんですね。もし自分のことを小説に書いたとしたら、自分の価値観、正義感や善悪の判断が混じってしまうかもしれない。でも、私の価値観なんかは、小説の世界にとってはどうでもいいことなんです。小説の世界は私よりもずっと豊かだから、私が入り込んでしまったら小説がチープになってしまう。だから物語を書く時は自分との距離を離して、俯瞰しながら書くように気を付けています。鈴木さんが自分のことを含まない歌詞を書かれないのは、そうじゃないと気持ちを乗せて歌うことができないからでしょうか？

鈴木　いや、歌えないからではなく、単純に書けないからです。僕も一人の人間なので、自分の経験だけを元にしていたら限界も来るだろうし、実際に周りからも歌詞を広げていくべきだと言われたこともあって。例えばＪ－ＰＯＰでは歌い手と歌詞の主人公で性別が違っていたりすることもよくあります。挑戦したことはあるんです。でも自分一人で考えると、どうしても物語を作る思考になれなくて、上手くいかなかった。仮に歌ったとしても、自分の経験ではないから感情を乗せることも難しい気がします。

暗さが明るさに、汚さが美しさに

角田　でも私はフラカンの歌詞が本当に好きなので、もし明らかにフィクションとしての物語的な歌詞を聴いたら、最初はちょっとびっくりするかもしれません。全く違う、誰かの一生のような物語を歌われたらどうしたんだろうと心配になるかも（笑）。鈴木さんの曲を聴いていると、鈴木さんの目で世界を見ているような、入り込める感覚があります。それは鈴木さんの実体験から生まれた歌詞だからこそなんだなと思いました。鈴木さんの歌詞は切実だし、暗いところがすごく好きです。でもなぜか、歌詞として文字で読むと暗く感じる言葉が、ＣＤやライブで聴くと、全然そんな感じしないんですよね。暗さを突き抜けてしまうのが不思議で。

鈴木　こんな暗いこと歌っていたのかと言われることはよくあります。僕はおしゃべりな性格だし、ライブのＭＣでも「長過ぎる！」って文句言われるくらい。体型もちんちくりんなので意外に思われることが多いです。

角田　でも鈴木さんの歌には不思議な転換があります。歌詞では、世界って全然いいものではない、ということを書いているのに、それが曲になって歌声を通して聴くと、暗さが明るさに、汚さが美しさになるような。それこそ、この世界はなんと生きるに値するものなのかと説得されてしまう。だから歌で覚えているものを歌詞、いわば詩として読むと、びっくりすることがあります。

鈴木　自分でも、ライブに来てくれたお客さんが僕達のを曲を聴いてそんなにどんよりした気持ちでは帰らないだろうな、と思って歌ってます。

角田　フラカンのライブはいつも楽しいです。サウナの後の水風呂みたいに気持ちがスーッと晴れていくような快感があります。歌詞にネガティブな表現が多いのはやっぱりご自身にそういうところがあるからですか？

鈴木　実は僕自身はあまりネガティブな表現をしているつもりはなくて。取材の時に「歌詞が暗い」と言われると「え、俺ってネガティブなの!?」って驚くくらい自覚がない。自分では過去もそんなに引きずらないし、サッパリしている方だと思うんですけど、でも歌詞に現れてしまうってことは無意識的に暗い面があるのかもしれないですね。角田さんはネガティブとポジティブでいうならどちらですか？

角田　私は人間もネガティブだし、書くものもネガティブ。しかもその上短気なんです。私、〆切を破ったことがないんです。だから〆切前日に編集者がリマインドをメールしてくるとムカーッとします。

鈴木　意外と怒りんぼなんですね（笑）。僕は怒らないんです。ステージで派手にやっていると、普段から喜怒哀楽がすごく激しい人だと思われがちなんですが全然そんなことはない。怒りが書くエネルギーに繋がることはありますか？

角田　私は小説のテーマを決めるときは怒りというより、普段感じている違和感から物語を作っていきます。違和感は確かに怒りに近いです。でも小説を実際に書き始める時には、当初あった違和感なり怒りなりをなるべく捨てて、自分の価値観が入り込まないようにはしています。社会に対しての怒りをストレートに小説に書く人もいると思いますが、私は怒りを直接的に小説に取り入れることはないですね。

鈴木　小説家の方は、僕のように自分の思いや考えを小説に書いているのかなと、漠然とした印象があったのですが、角田さんは全くそうではないんですね。今日で僕の小説家像はいい意味で崩れました（笑）。

老いをそのまま歌っていきたい

角田　鈴木さんは20代、30代、40代と年齢を重ねていくなかで、創作も年齢に伴って自然に変わっていけましたか？　私は自分がもう若者じゃなくなるって時にかなり苦しんだことがあって。

鈴木　僕は自分のことを歌詞に書いているので、歳とともにどうしても変わっていってると思います。意図して変わろうと思ったわけではなく、変わらざるを得なかった感じですね。自分より歳上の人の気持ちは経験していないのでわからないけど、今若い頃の気持ちになって書くこともできないなと。もし僕が20代の気持ちを思い出しながら歌詞を書いたとしても、今の20代の人達には伝わらないと思うんですよ。時代が違えば考えることだって違うはずだし、わかったふりをすることもできない。角田さんは苦しんだということですが、小説を読むと、登場人物の年齢の幅も広いですよね。自分を小説に含まないからこそできることなのかなと。

角田　年齢の幅が広がったのは33、4歳になってからです。その時はすごく大変でした。それまでは自分が含まれている世代だったり、自分が経てきた年齢の人物が多かったのですが、突然書けなくなってしまったんです。いくら書いても同じものしか出てこなくて、小説に広がりがなくなってしまった。それで自分はもっと中年だってことを意識しなきゃダメだ、書き方そのものを変えていかなきゃいけないと思って『空中庭園』から意識的に変えていくようにしたんです。自分とは全く違う世代や性別を意識的に書くようにして。そこから広がっていきました。

鈴木　意識的に変えていかれたんですね。執筆を時間決めて行うように変えたのもその時期ですもんね。

角田　そうですね。見直さないといけない時期に入ったってことだと思います。苦労はありましたが、そこに気付けたからこそ今も書き続けることができているので、これでよかったんだと思っています。

鈴木　角田さんみたいにいろんな世代の人達を書き分けることができるのは本当にすごいと思います。僕はそういったことができないからということもありますけど、自分の老いはそのまま曲に出していきたいです。キーを下げたりしていて、そんなのロックじゃないって言われるかもしれないけど。成長なのか退化なのかはわからないけど、老いをそのまま歌っていきたい。

角田　鈴木さんが老いを歌ってくださるのならこんな嬉しいことはないです！　ロックって一昔前までは若い人の音楽というイメージだったし、私自身、自分が50代になってもロックを聴いているなんて思いもしませんでした。同世代の人がずっと歌い続けてくれることは励まされるし、何歳になっても聴ける曲があるのは心強いです。

鈴木　だいぶダメな50歳ですけどね。今年でバンド結成30年ですが、未だに音楽を続けていることにうしろめたさがあります。全然売れていないのになーとか。親孝行らしい親孝行もできていないですから。

精一杯やるのは楽しい

角田　ちょうど先日、忌野清志郎さんの追悼イベントに行ったのですが、そこで「清志郎はとにかく売れたくて売れたくて、売れるためなら歌詞でも曲作りでも１８０度変えても平気で、何をしてもいいと言っていた時期がある」と、彼とともに仕事をしていた人が話していたんですが、鈴木さんもそういう時期はありました？

鈴木　僕は結成した当初から今もずっと売れたいと思っています。音楽をやることと売れることは結び付いているというか、売れないということは、聴かれてないってことでもある気がしてるので、売れなきゃなと思います。もちろん自分の器ありますから、さいたまスーパーアリーナを埋めてやる！とか、そんなケタ違いな野望はありませんけど、一定の人達がライブに来てくれる状態ではいたいですよね。だから曲や歌詞を作る時は常に売れたいと思いながら作っています。他人から「こうした方が売れる！」とか言われると急にやりたくなくなりますけど（笑）。ただ自分ではこれは売れるだろうと思って作ってもそうはいかず、逆に意図せず売れた曲もあったりで予想通りいくことはないんですけどね。

角田　「深夜高速」もできたときは、こんなに売れるとは思われていなかったと本で読みました。そういえば、前からちょっと気になっていたことがあって、私は清志郎さんのライブによく通っていたんですけど、いつも最後には「雨あがりの夜空に」を歌っていたんです。それはRCサクセションと言えばこの曲！　というお客さんの希望を見越してのことだと思うんですけど、そんな風に「RCといえばこの曲」と思われるのは、本人はどうだったんだろう。その期待に応えて「雨あがりの夜空に」を歌うのは嫌じゃなかったのかなとずっと思っていたんです。だって他にいい曲がいっぱいあるじゃないですか。フラカンも、ライブに行くと会場に「深夜高速」を聴きたいオーラが満ち満ちていることがあって、もちろん私もそのオーラを出していると思うんですが、そうするとちゃんとフラカンは応えてくれる。……とファンだから勝手に思っているんですが、ある特定の曲を歌うことを期待されるのは、実際どんな思いなのでしょう。

鈴木　「深夜高速」みたいな言葉が強い歌は気持ちの持って行き方が難しいところもありますけど、歌い方を変えてみたり、完全に自分の世界に入り込んでみたり、お客さんの様子を見てちょっとアプローチを変えたりしながら鮮度を保つようにしています。僕らのライブの定番だと「真冬の盆踊り」という曲もあるんですけど、これは細かいことを一切考えずにいつでもやれます。なんなら客席見て誰も踊っていなくても、メンバーが盛り上がっていたら「今日は俺達頑張った！」と褒めたくなる（笑）。自分達がなぁなぁでやっていたらダメですけど、そうじゃなくて盛り上げたくて精一杯やるのは楽しいんです。だから清志郎さんも「雨あがりの夜空に」をご機嫌で歌いたくて歌っていたんじゃないかなと思います。

角田　そうなんですね。すごく嬉しいです。

鈴木　角田さんは音楽をたくさん聴いてますよね。執筆中も音楽をかけているんですか？

角田　仕事中は無音です。週末にランニングをしているんですが、走るのが嫌すぎて音楽を聴いています。

鈴木　そんな苦行を。

角田　でも音楽のおかげで苦は減るので（笑）。私、音には敏感ではなくて、音楽は歌詞で聴いています。だから何を言っているのかわからない曲は聴けないし、歌詞が嘘くさく思える曲はダメなんです。

鈴木　リアルに感じられるかどうかが重要。

角田　そうですね。自分にとって信じられるかどうか。私、フラカンの曲で「天使」が一番好きなんですけど、この歌詞の「いいしつけだね」を聴いた時、詩を書いた人は天才だと思ったんです。恋人と犬の散歩に出かけている場面で、犬が歩く速さを人に合わせているのを見た恋人の言葉だと思いますが、これを聴いた時にその情景がはっと浮かんできました。その一瞬の幸福も、一瞬がいずれ消えるはかなさも、ぶわっと伝わってきたんです。

鈴木　「天使」に触れてもらったのは初めてなのですごく嬉しいです。でもその「いいしつけだね」も実際に当時付き合っていた彼女の言葉そのままなんです。

角田　もしこれが小説であれば、もっと説明的に「しつけがいい犬だね」、「しつけがいいね」と書いてしまう。でもそう書いてしまったら台無し。事実を書く、書かないよりも、どう言葉にするかが重要なんだとこの歌を聴いて気付きました。鈴木さんの歌詞を読んで改めて思ったのですが、情景描写や匂い、気温といった感覚でとらえた言葉と、言葉を伝えるために使う言葉がありますよね。例えば「冬のにおい」の中の「冬のにおいが好

天使
作詞・作曲／鈴木圭介

三日月が浮かんだ夜
君と少し歩いた
2つの夢を振り返って
声に出さないで
笑いあった
穏やかに流れてゆく
時間は柔らかくて
このままずっと
続くような
もう2人は
2度と会えないのに

天使が逃げてった
2人の影を残したまま
天使が僕ら2人を
遠い所へ
連れてってくれる
そんな気がした

き」は感覚の言葉で、「発熱の男」の「光のない朝に目覚め 深みのない夜に眠り 匂いのない季節は廻る」は、言葉で伝えてある。2パターンありますが、それは意識して入れたり入れなかったり、合わせたり合わせなかったりしているんですか？

鈴木　僕は言葉に対してそこまで敏感にはなれなくて、勘でやってしまっていますね。自分の中でルールはおそらくあるんだろうと思いますが、言葉ではうまく言えない。

角田　もしかしたら意識的ではないからこそ、真実味が生まれてくるのかもしれないですね。

ただ物語だけがある

鈴木　角田さんが「天使」をそんな風に聴いてくださってたとは。すごく嬉しい。僕にとって曲を聴いた人や、ライブに来たお客さんの反応が曲作りの原動力にもなっています。もちろんその前にメンバーの反応が返ってくるわけですが、誰かのリアクションによって支えられているなと思うことが多くて。でも小説家は、読者の反応をその場で体感することは難しい

悲しいくらい心地いい風
女の人　犬を連れて
同じ歩幅同じ速度で
「いいしつけだね」って
彼女は言った

何気ない日々
何気ない顔
想い出して歩いていた
胸の中を流れる
2人の歌は
もう同じじゃない

天使が逃げてった
2人の影を残したまま
天使が僕ら2人を
遠い所へ
連れてってくれれば
ずっと一緒だった

んじゃないかなと。編集者は別としても。読者がどういう風に受け取ったかは気になるものですか?

角田　読み手の反応はわからない方が良いと思っています。インタビューで「どういうメッセージを」とか「どういうふうに読んでもらいたいですか」とよく聞かれますが、小説になんらかのメッセージを込めたことはないんです。ただ物語だけがある。その物語を自由に、いろんな風に読んでもらえれば一番嬉しいです。もし読んでいる人の反応や顔が見えてしまったら、怖いんじゃないかな。

鈴木　読者に左右されてしまうかもしれないってことですか?

角田　そうですね。Amazonのレビューも、絶対に読みません。

鈴木　逆に人の作品を読む時に抵抗感はないですか? 僕の場合は邦楽の場合は同業者という意識が働いてしまうし、仕事モードになってしまうので素直に音楽として楽しむことはできない。そのせいで家では洋楽ばっかり聴いています。

角田　私は作家としてよりも読者として長くいたからか、読むことが身に付いていて抵抗感は全くないですね。ただ作家としての目線も時々はいってしまうことはあります。すごくいい作品だったのに、作者が途中でちょろっと逃げたな、と思うことがあったり、あと作者が意図しない方向に物語が進んでいっているなとか。

鈴木　他の作品を読んでいてこの手法真似たい、とかは？

角田　ばれてしまうだろうし、それはないですけど、でも、ああこんな小説が書けるなんてすごいなと思うことはたくさんあります。自分には真似できないことなので「いいなぁ」と思っておしまいですけど。

鈴木　角田さんの中では書き手と読み手のポジションがきちんと分かれているんですね。

お酒は気持ちの弛緩剤？

鈴木　今日角田さんにどうしても相談したいことがあって……。僕、飲み会での立ち振る舞いが全くわからないんですよ。そこをお酒好きな角田さんにレクチャーをして頂きたく……。まず、そもそも人が多過ぎて気疲れしませんか？

角田　私は反対に、呑んでいない時の立ち居振る舞いがよくわからないんです。人に対してつねに緊張していて、「何か悪いことを言ってしまったのでは」と気に病んでいるんです。なのでお酒を呑んでその緊張を解かないとやってられないんです。規則正しく19時からお酒を呑むのもそのためです（笑）。

鈴木　真逆ですね。僕、飲み会の席移動がどうしようもなく苦手なんです。気にし過ぎて全く楽しめない。

角田　それはもうお酒を呑むしかないですね。お酒呑んじゃうとその辺の繊細さがちょっとゆるくなるので、座席のことも、トイレに行って帰ってくればどこに座っていたか自然とわからなくなりますよ。もしかしたらトイレに立つこと自体、鈴木さんには難儀なのかもしれませんが……。実は私、お酒の味はそんなによくわからないんです。

鈴木　え!?　毎日呑んでいるのに!?

角田　お酒は嫌いじゃないんですけど、味を楽しむために呑んではいなくて、もっと言ってしまえばこんな人に緊張する性格じゃなければ呑まなくてもいいくらいです。

鈴木　それは意外でした！　気持ちの弛緩剤なんですね。

角田　そうなんです。だから極まると普段は言わないだろうことも言ってますね。「隣に座ってほしくないからあっちに行って！」とか。

鈴木　極まってますね（笑）。でも酔いが覚めた時辛くなりませんか？　僕はそれが恐いんですよね。

角田　記憶が残っていると地獄ですね。覚えていないことも多いのですが……。前は覚えていなくても、絶対になんかやらかしているはずだ、お金はちゃんと払っただろうかとか不安になって周りに聞いていましたけど、案外「大丈夫」って言われるのでもう聞かなくなってしまいました。

　鈴木さんは飲み会では全く呑まないんですよね？　逆にその方が辛いんじゃないかと思うのですが。

鈴木　そこは辛くないんですよ。でもメンバーだけの座席だったら耐えられないと思いますけど（笑）。これからお酒は気持ちの弛緩剤だと思って、あまり呑めないですけど少しずつやってみます！

　今日角田さんとお話して、同世代で聴いてくださる方がいることにすごく勇気付けられました。僕も僕の歌詞も老いていく一方だとは思いますが、続けられる限り続けていきたいと思います。

角田　これからのフラカンもすごく楽しみです。

ポンコツ語録

あいさつもんだい【挨拶問題】
自分は知っているが、相手が自分を知っているかは微妙な時に挨拶をすべきか否か悩むこと。特にフェスで大御所ミュージシャンと一緒になると楽屋まで行くべきかどうかで延々悩むハメになる。

あかぬける【垢抜ける】
永遠の課題。

いやなしにかた【嫌な死に方】
シャチに引きずられて溺死。対義語⇩理想の死に方

いんすたんとめん【インスタント麺】
人類が生み出した究極の料理。以下、私的インスタント麺ランキング⇩第1位 寿がきや 味噌煮込みうどん、第2位 欽ちゃんヌードル、第3位 サンポー焼き豚ラーメン。

うしろめたさ【後ろめたさ】
平日の昼間、下北沢辺りをぶらぶらしていると襲ってくるアイツ。

うれる【売れる】
永遠の課題。

おうさまのみみはろばのみみ【王様の耳はロバの耳】
小学2年の時の担任・A先生考案の、耳を思いっきり上に引っ張りあげるお仕置き。

おーばーおーる【オーバーオール】
リーダーとホンジャマカ石塚さんの仕事着。僕が着るとエマニュエル坊や。

おーら【オーラ】
僕にないもの。

おくば【奥歯】
僕にないもの（歯周病により抜歯）。

おざきゆたか【尾崎豊】
自由という言葉を広めた国民的アーティスト。高校時代、彼の歌に共感できた人とそれ以外では青春の過ごし方が全く違ったんじゃないかと思われる。それ以外だった僕は少し後悔……。

かちがお【勝ち顔】
目鼻立ちがしっかりしている、所謂ソース顔。勝ち顔の人はおそらく何にでも勝つ。まず自信があるように見える。たとえファッションセンスに難ありでも、勝ち顔であれば個性的なオシャレとして通用する。背が低くてもOK。身長をカバーする眼力があるのだから（背が高ければすでに勝ちルックスなので眼力なくてもOK）。ロック界の人は勝ち顔が多い。対義語⇩負け顔

かっこいい
自然に滲み出るものであり、作り出せるものではない。かっこよくなりたいからってかっこつけようとすると大体意図がバレバレで余計ダサくなってしまうから要注意。

かつどうきゅうし【活動休止】
❶諸処の事情により活動をいったんやめること。❷フラワーカンパニーズには縁のない言葉。が、結成前、ミス

ターと組んでいた桃ＫＩＤＳは高３の夏に活動休止することになった。理由は受験勉強。真面目……。

かなしみ【悲しみ】

蛍光灯の明かり。

カルチャー・ショック【culture shock】

文化の違いに対する衝撃。東京に越してきて一番衝撃を受けたのは〝八百屋〟。名古屋のニュータウンのような街出身の僕はスーパーしか知らず、八百屋や魚屋などの個人商店は昭和アニメの中にしか存在しないものと思っていた。生活のなかに古き良きがちゃんと存在していることは嬉しい衝撃だった。

くんもんだい【君問題】

基本的に同い歳は〝呼び捨て〟か〝君付け〟にしているが、距離感が微妙な場合どうしていいかわからない問題。呼び捨てはないにしても〝君付け〟は馴れ馴れし過ぎて相手が引いてしまうんじゃないだろうか、かといって〝さん付け〟はヨソヨソしいような……こういう時、ジャニーズシステムっていいなぁと思う。

ごじさたまがじん【5時SATマガジン】

中京テレビ放送の情報番組（１９８１年～１９９３年）。通称ゴジサタ。東京では放送されないようなマイナーなバンドも多数出演。種々雑多な音楽に出会うきっかけとなった。聖飢魔Ⅱも ＸＪＡＰＡＮもゴジサタで知った。

コム・デ・ギャルソン【COMME des GARÇONS】

コムサ・デ・モードとは異なるファッションブランド（その事実を最近知った）。選ばれし者のみが着こなせる。

さかえ【栄】

日本のニューヨーク。類義語⇩ニューヨーク

ジ・アルフィー【THE ALFEE】

１９７３年結成の人気ロックバンド。１９８４年、天白中学の学園祭ライブでは「みんなが知ってる曲」を演奏しなければならず、出演した３組中２組がTHE ALFEEの曲を選曲。ちなみに僕のバンドは「STARSHIP―光を求めて―」を演奏した。

しっと【嫉妬】

デビュー当時、同期デビューのバンドが載っている雑誌のページ数を数え、スタッフに伝えた衝動。

ジャスコ【JUSCO】

基本的になんでも揃う店。セックス・ピストルズのジョン・ライドンが着ていたような青いタータンチェックのジャケットまで手に入る（高校時代にライブで着ていたんだけど、今思えばチェッカーズを意識している奴と思われていたかもしれない……）。ゾンビ襲来の際はジャスコに逃げ込むことをオススメしたい。

しょせいじゅつ【処世術】

弱肉強食の世を生き抜くための術。体が小さかった僕は、イジメの標的にならないよう三枚目キャラで押し通すことを幼稚園のときに決意した。

しんかんせんだいばくは【新幹線大爆破】
大好きな映画。ちなみに、出演俳優の山本圭さんの〝圭〟が僕の名前の由来（ちなみに〝けいすけ〟になったのは、母が教師をしていた時に明るくて素直な生徒の名前が〝けいすけ〟だったことに由来している）。

スーツ【suit】
革ジャンに次ぐ〝似合わない服〟。オーダーメイドのイカしたスーツも、僕が着ると洋服の青山の既製品のようだし、リストラされて再就職を目指している幸薄げなサラリーマンにしか見えないのだ。フレッシュ感０！

すみっこ【隅っこ】
第一に確保すべき場所。ライブは基本隅っこで鑑賞。バンドマンなのにライブ鑑賞時のノリ方が未だによくわからない……だからライブが苦手な人もフラカンのライブは安心して来て欲しい。たとえ全く動かなかったとしても「あいつノリ悪いなぁ」と僕が思うことは一切ありません。

せきがはらのたたかい【関ヶ原の戦い】
「名古屋バンドの命運は関ヶ原を超えるかどうかにかかっている」、結成当時によく言われていたことで要は大阪でライブをやってウケるかどうかがバンドの行く末を左右するという、当時の名古屋バンドの課題のひとつ。実際に名古屋で人気があっても関ヶ原で破れるバンドも多かったのである。ノリが全く違うのだ。僕達はなんとか関ヶ原を乗り越え、東京へ照準を合わせるのだが……⇩１６６頁参照

つまらん
昔のキンチョールのＣＭで、大滝秀治が岸部一徳に放った言葉。「つまらん。お前の話はつまらん！」。強烈なトラウマで、打ち上げの席で喋り過ぎてしまった時なんかに脳内再生される。

つる【鶴】
アパホテルのベッドに鎮座している扱いに困る物体。〝おもてなし〟とは何か考えさせられる。

ナイス・パフォーマンス【Nice performance】
初めて出場したフジロック、舞台裏でリーダーがビョークにかけた言葉。リーダーはマジでグレートだぜ！

なごやのふこう【名古屋の不幸】
❶数々のＢ級グルメを生み出し、サブカルの殿堂ヴィレッジヴァンガードや漫画喫茶発祥の地でもあり、ローカルＴＶ番組が栄え、流行りにのらず東京でも大阪でもない独自の文化を突き詰めた結果、言語化しにくい街になってしまったこと。❷〝名古屋飛ばし〟という言葉が生まれるほど、ツアーで飛ばされがちなこと。飛ばさないで！

ニューヨーク【New York】
米国の栄。類義語⇩栄

ねんれい【年齢】
人との距離感を測る時の指標。１歳でも年上の場合は敬語に〝さん〟付け、年下の場合は基本的にタメ口。ただ距離感がつかめていない段階で年齢を聞く

のはハードルが高い！

のうないしゅうしんけい【脳内終身系】
❶考えるだけで行動に移せない性質を指す。❷本書のボツになったタイトル案。他に「結局何もしていない」「脳から外に出られない」「ガラ圭」「俺がおでんなら、がんもどきだと思う」など。

はば【ハバ】
名古屋弁で「ハブられる」の意。子どもの頃、僕はハバにならないように仲いい子のそばにコバンザメのごとく引っ付くようにしていた。そのひとりがリーダーである。

ばんどはつらいよ【バンドはつらいよ】
本書の取材で「映画化するとしたらどういうキャスティングがいいですか？」と聞かれ「いやいや」と返すも押し切られて答えた超贅沢な映画企画。以下、完全な妄想です。
【監督】山田洋次
【出演】濱田岳（鈴木圭介）／大泉洋（グレートマエカワ）／村田雄浩（ミスター小西）／染谷将太（竹安堅一）／蒼井優（高知で出会うヒロイン）
【あらすじ】ツアーで訪れた高知。打ち上げに入った居酒屋でひとり寂しく日本酒を飲む女性に一目惚れをしてしまった僕は……。（ちなみにこの取材は2019年4月のことで、まさか山ちゃんとヒロイン役の蒼井優さんが結婚されるとは予想だにしていませんでした。改めておめでとうございます！）

びょういんのまちあいしつ【病院の待合室】
もっとも心健やかに過ごせる場所。大体「Hanako」か「VOGUE」が置いてある（読んだことはない！）。

ふらんすりょうり【フランス料理】
❶人生で三回だけ食べたことがあるが、全て吐いてしまったので結果的には一度も食べてないんじゃないかという料理。❷昔バンド合宿の時、夕飯が急遽バイキングからコレに変更になり、メンバー全員緊張しながら食べた。その10分後リバース……。

へんしんにんじゃあずきん【変身忍者あずきん】
小学校のクラス会で発表した自作の芝居。忍者あずきん（僕）が現代にタイムスリップしてしまう物語。学芸会で主役の座を逃した悔しさから書き上げた僕の僕による僕のためだけの戯曲。

ボイコット【boycott】
意義あるサボり。小学校5年生の時、理由もなく体罰を振るう体育のS先生に我慢ならず、クラスの男子でボイコットを計画した。当日、男子12人くらいで体育の授業前に学校を抜け出し、天白川の緑地で、落ちていたエロ本を回し読みしたりして遊んでいた（僕は性の目覚めが遅かったので夢中になっているふりをしていました）。気が付いたら下校時間もとっくに過ぎていて、僕達は慌てて学校に戻った。校門には校長、教頭、担任、そしてS先生が……。「良かった。本当に無事で良かった」。一番怒ると思っていたS先生だけが、目を真っ赤にして僕達を迎えてくれた。それから僕達は担任にこっぴどく叱られて、親も呼び出されたのだけど、僕の父だけは「意志を行動に移すことはいいことだ」と褒めてくれた。S先生の体罰は止んでよかったけど、少しだけ申し訳なさが今も残っている。

まえにならえ【前にならえ】
両手を前に上げるポーズ。一番背が低かった僕の憧れ(僕は腰に手を当てて先頭に立っていた)。

まけがお【負け顔】
タレ目、目鼻立ちがぼんやりしている顔。負け顔は何を着ても自身なさげに見えるためどんなファッションもキマらない。例外は塩顔。対義語⇩勝ち顔

まじょのたっきゅうびん【魔女の宅急便】
子どもも大人も大好きジブリアニメ。その証拠に、初めてフジロックに出場した記念すべき夏、ミスターはホテルにこもってずっと魔女宅の再放送を見ていた。冷房の効いた室内で海外アーティストに目もくれずジブリ鑑賞するミスターの背中は未だに忘れられない。

まゆなし【眉無し】
眉毛を剃り落とした顔のこと。バイオレンスのためのスパイス。その昔、村八分(バンド)のチャー坊に憧れてやった。汗が目に染みた……。

みくろまん【ミクロマン】
1974年、タカラから発売された10㎝くらいのアクションフィギュア。これが欲しくてしょうがなかったのだが、我が家はオモチャはあまり買ってもらえず友達のミクロマンを羨ましく眺めていた。でもその代わりに買ってもらったたくさんの本が今に繋がっているような気もする。

みずいろ【水色】
❶初恋の色。小学校卒業直前、初恋の人・Hさんがサイン帳に水色のペンで「あんたと隣の時が一番楽しかったよ!」と書いてくれたのである!❷好きな下着の色。中学の頃、女子の夏服から透けて見えた下着の色がコレ。青春っていいな。

やんきー【ヤンキー】
なんだかんだ今も昔もモテるんだろう人種。あいにく、フラカンにはひとりもいない。僕らは優等生でも不良でもない〝オール3〟バンドなのだ。

りそうのしにかた【理想の死に方】
結局満足のいくライブ一回もできなかったなあって思ってイキたい。後悔のない生き方を目指すのはいいけど、ひとつの後悔も残らない人生なんてつまらないと思いませんか? 対義語⇩嫌な死に方

ロイヤルホスト【Royal Host】
フラワーカンパニーズ結成の地。ドリンクバーだけで5~6時間居座り、お腹が空いてもライスだけ頼んでケチャップをかけて食べていた。あの時はお世話になりました。

父の鼻歌

子守唄を思い出せない。いや、歌自体は知っている。が、歌ってもらっている記憶がない。当然だ。子守唄を歌ってもらっている時期なんて、せいぜい2歳か3歳ぐらいまでだろう。

でも子守唄に限らず、母が歌を歌っているのを聴いたことがない。

母は、ドラマや映画みたいに料理をしながら鼻歌を歌ったりしなかったし、テレビの歌番組を見ている時に、プロの歌にかぶせてきたりもしなかった。音楽は、リビングのステレオでよくカセットテープをかけて聴いていたが、全てクラシックで歌は入っていなかった。

ただ例外として、ママさんコーラスをやっていた時期があったので、その発表を観に行ったことはある。が、あくまでもコーラス隊なので、母自身の歌声は聴こえない。ママさん達が、鯉のように口を縦に開きながら、女性特有の表声なのか、裏声なのか、判別のつかない声を発している中から、頑張って母の声を探してはみたが、見付からなかった。

それもそうである。もし、そこで一発で母の声を聴きとることができたら、うちの母はよっぽどの音痴で、音程が他の鯉と大幅にずれていることになる。

もしくは母の声が、アニメ「じゃりン子チエ」におけるテツのように（声優は西川のりおである）おそろしくでかい、もしくは森進一やはるな愛のように酒焼けしている（森進一は酒焼けじゃないか）、もしくは桑田佳祐のようにしゃがれ声、もしくは「ウィー・アー・ザ・ワールド」のシンディー・ローパーのようにでしゃばり、もしくはドリームズ・カム・トゥルーのようにソウルフルなこぶしが入りまくっている、もしくはピンクの電話のよっちゃんのように変な声、もしくは「おひまなら来てね」の五月みどりのように色っぽすぎる。

どれでもなかった。だから、母の歌声は未だに聴いたことがない。だが、父の歌声は、よく聴いていた記憶がある。とはいっても、父もリビングや床の間で鼻歌を口ずさんだりはしなかった。厳格な人ではなかったが、ハメを外すこともなかった。酔っ払って、歌いながらごきげんに帰ってくるなんてことは一度もなかったと思う。休日は床の間で座椅子にもたれながら、テレビを見ているか、本を読んでいた。もしくは図書館へ行っているか（父の本棚には難しそうな思想書や経済の本が並んでいたが、図書館から借りて読んでいたのは主に推理小説だった）。夏場には近所の区民プールに一人で涼みに出かけて行った。

マイペースであったが、冷たい人では決してなく、夕飯の時もよく話したし、若い頃はお酒も煙草も麻雀もやっていた。

特に麻雀はかなりの腕前だったらしく、親戚のおじさんや父の友達が「章には全く敵わん」と漏らしているのを何回か聞いたことがある。父がいなくなった今、悔いが残っていることのひとつは、僕も麻雀をやっておけばよかったということである。ちゃんと麻雀を覚えて父と一緒に雀卓を囲みながら、父が学生だった頃の話とか、初恋の人の話とか、聞いてみたかった。

もっと言えば、父と二人っきりでお酒を酌み交わしておけばよかった。こっちから誘えば父は一緒に呑んでくれただろう。なんで誘わなかったんだろう？　もっと父と話をしておけばよかった。もっと父を知りたかった。お互い腰が抜けるぐらいまでお酒を呑んで、大声で笑いあったり、口喧嘩をしたりしてみたかった。もっと、父と向き合っておけばよかった。

今となっては叶わないそんな想いが、日々雪のように降り積もっていくばかりだ。

そんな父が歌を歌うのは、お風呂場だった。小学3年生ぐらいまで、僕も弟も、父と一緒にお風呂に入っていた。決して広いお風呂場ではなかったし、浴槽も3人一緒には入れなかったけれど、それが決まり事のようにいつも3人一緒だった。

洗い場で、僕や弟の背中をタオルでこすりながら、父は鼻歌を歌った。記憶に残っているのはフランク永井の「有楽町で逢いましょう」と小林旭の「昔の名前で出ています」。

「有楽町で逢いましょう」は「そばにいーてーくーれるーだーけでーいいー」という有名なフレーズ。で、小林旭は「京都ーにいるときゃーしのぶーと呼ばれたのー」である。まだ鶴太郎が物真似をするずっと前のことだ。

僕はその頃、アニメや特撮ものばかり見ていて、歌番組に全く興味がなかったから、2曲とも原曲を聴いたことはなかったのだけど、父の鼻歌で覚えてしまった。

父が歌い出すと、僕達も一緒に歌ったりした。「昔の名前で出ています」は、一緒に歌いながら、毎回、笑っていたように思う。歌詞が変だからだ。名前が変わるのもおかしかったし「昔の名前で出ています」って、フレーズが理解できなくて、面白く感じた。

狭いお風呂場は僕達の歌声や笑い声でいっぱいになっていたから、母が「ちょっとうるさすぎるよ！」と注意をしにくることもあった。笑ってばかりいたから、父の歌がうまかったかどうか、この時はさっぱりわからなかったし、どうでもいいことだった。

僕が中学に上がったくらいだろうか。もう一緒に風呂に入らなくなって久しい頃、僕は初めて父の本当の歌声を聴いた。

父方の祖父（戦艦日向に乗っていたおじいちゃんである）と祖母の金婚式が行われ、親戚一同が三重県四日市の駅の近くの料亭に集まった。

最初は、食事をしながら話をしていたのだが、間が持たなくなってきたのか、いつのまにか、カラオケ大会が始まっていた。それぞれ一曲ずつ順番で歌わなくてはいけないルールが勝手に作られ、僕達子どもも歌わされたと思う。が、僕は何を歌ったのかさっぱり覚えていない。覚えていないということは、歌わなかったのかもしれない。母はこの時も歌っていなかった。

しかし、親戚のおじさん達の歌は覚えている。まだカラオケボックスなんかなかった時代である。当時は8トラと呼ばれていた、でっかいカセットテープみたいなものを一曲ずつ選んで、カラオケマシンに直接つっこんでから歌うのだ。自分の歌いたい曲があるのかどうかもわからない。おそらく全部で50曲ぐらいだろう。歌のキーも今みたいに変えられない。

酒に酔ったおじさんの歌だから、聴くに耐えられないひどいものがほとんどだった。当然キーが合わなくて、サビで声がひっくり返ったり、急に一オクターブ下を歌ったりと、いろいろ出てくる。そんな運動会のパン食い競争のような状況の中、父が一曲歌った。

残念ながら、何を歌ったのかまでは覚えていない。

永井だったか、旭だったか？　それともそれ以外だったか？　覚えているのは、父が歌いだした瞬間、騒がしかった部屋が一瞬、静かになったのだ。しばらくみんな父の歌に聴きいっているように感じた。

一番が終わるか終わらないかのあたりで、僕のひとつ年上の従兄が
「うまいね」

とつぶやいた。その瞬間は「ああ、そうなの？」ぐらいにしか思わなかったのだが、うまいと言われてから、注意して聴いてみると、確かに父は歌が上手だった。高過ぎず、低過ぎず、ほどよく伸びるいい声をしていて、おそらくキーも合っていたんだろう、音程も良かった。他の親戚のおじさんの歌とは全然違っていた。何より、歌っている姿がとても堂々としていた。

年頃の僕は、従兄に父のことを褒められるなんて恥ずかしいだけだったので、

「聴きたくない！　聴きたくない！　わー！　恥ずかしー！」

と言って、歌の後半は、ごまかしていた。が、内心、実は嬉しかったのだ。そして誇らしかった。そんな風に父のことを思ったのは、その時が初めてだったかもしれない。

あれから長い年月がたって、もう父の歌声を聴くことはできないが、お風呂場で背

中を流してもらいながら聴いた「有楽町で逢いましょう」と「昔の名前で出ています」は、今でも胸の中の引きだしの奥に、ひっそりと入っている。たまにその引きだしが開いて、夜道を一人で歩いている時なんかに、無意識に鼻歌になって出てくることがある。

今、50歳になった僕は、歌を歌って生活をしている。僕はあの頃の父のように歌えているだろうか？　高過ぎず、低過ぎず、ほどよく伸びる声で、堂々と歌を歌えているだろうか？

50歳の唾液

50歳になった。まだ実感はない。50歳になった途端、腰が痛くなったり、腕が上がらなくなったり、歯がボロボロと抜けおちたり、アゴがはずれたりはしなかった。とりたてて何かが変わったわけではない。

ただ50歳になる前は、やはり少し構えてしまった。

なぜ、頭の文字が変わる時だけ、こう力が入ってしまうんだろう？

46歳でも、48歳でも同じようなものなのに。たかが2年か3年違うだけで過敏になってしまうのはなぜか？

10歳になった時のことはさすがに覚えていないが、20歳になった時のことはよく覚えている。これで成人。大人になった。酒も煙草もやりたい放題だ！　やった！　なんてことは一切思わなかった。

そもそもお酒は呑めないし、煙草も嫌いだ。ついでに言うと、酔っぱらった奴のはしゃぎっぷりも嫌いだ。今は違うが、30歳ぐらいまではお酒の力を借りないと言いたいことのひとつも言えないような自称シャイな奴なんて大嫌いだったし、人として見下していた。記憶がないとか言いながら、好き放題やっている奴ら。あんなの全部大嘘ついているだけだと思っていた。今はさすがに思わない。人にはお酒を呑まないとやってられない事情がそれぞれあるのもわかるし、記憶がなくなるのも本当のことなんだと認識した。

20歳になった時は、ああ、ついに20歳か。歳を取ってしまったと思った。今思えば、20歳なんて若さみなぎる絶好調の年齢なのに、当時は10代の頃と比べて、年寄りになった気がして、気持ちが重たかった。

でも30歳になった時よりは、数万倍軽かった。

30歳になる時、いや厳密には、30になる前が一番気持ちが重たかった。20代が終わるという事実や、その時置かれていたバンドの状況や、私生活。全部ひっくるめて、ものすごい不安が目の前に立ちはだかっていた。

なってしまえば、実はなんてことはない。30歳になった途端に状況が一変するわけはなく、ただ生活がそのまま続くだけ。わかっている。頭の中では十分にわかっているのだ。でも毎回身構えてしまう。

40歳の時も同じだった。不惑などという言葉が散らついては、あっという間に過ぎ去った。ただ40の時は、人生折り返しはもうとっくに過ぎているんだよなあ、という実感が確実にあった。

80歳まで自分が生きられるとは到底思えない。早死にするとも長生きするとも思わないが、80歳まで生きられるわけはないと漠然と思った。で、50歳。この年齢は、ツアーでホテルにチェックインする時に用紙に書いたり、バンド仲間から年齢を聞かれ、答える時に全身に響く。生活は特に変わらない。同じように曲を作り、歌を歌って、レコーディングしたり、ツアーをしたりする。今まで通りだ。

ただ、今日、少し違うかもと思うのは、50歳になると、周りの見る目が変わるんじゃないかということ。自分が周りを見る時に、40代の人と50代の人は見る目が少し変わる。

それは年寄りだとかそういうことではなく、どちらかというと、生き延びたことへの尊敬のようなものである。

ということは自分にもぼんやりと、実感があるのかもしれない。

ここまでたどり着いたという誇り。背筋は年々曲がってきてはいるけど、胸張って生きていいんじゃないか、という開き直りが出てきた。

何しろ60歳まで、もう10年を切ったのだ。60といえば、昔でいったら会社員の定年。そこで会社員は、何十年も働いた仕事のキャリアやスキルを置いて、新たな仕事を見付けるなり、ぶらぶら遊んで暮らすなり、ギャンブルにはまるなり、生活が一変する。

　もちろんバンドマンに定年なんかないし、我々も死ぬまでバンドをやり続けたいと思っているから、特に60歳をゴールにする必要はないんだが、やっぱり頭の片隅には60の壁がある。歳の数え方も逆算していく方が増えてくる。ツアーをしていても、あと何回この街にツアーで来れるんだろう？みたいな数え方になる。

　人生が足し算から引き算に変わる。

　そう考えるとやっぱり違うのだ。

　新しいことをやり始めるのもいいし、今まで通りのことを維持していくのでもいい。ただ40代の時よりもじっくりと噛みしめて、唾液をたくさん出していかないと、毎日がカラカラに乾いてしまうような気がする。できる限りゆっくり、丁寧に生きたい。日々の出来事を十分に咀嚼しながら、唾液を未来という栄養に変えていけたらなと思う。

ハイエースの轍

とてもありきたりで、ダサい言い方だが、人生を春夏秋冬に例えたとしたら、今年51歳になる僕はどの季節にいるんだろう？

僕は4月生まれだから、始まりは春だ。

晩秋？　それとももう冬に差し掛かっているかもしれない。

バンドとしてはどうだろう？　フラワーカンパニーズも4月に結成したから、始まりは春。

真夏と言いたいところだけど、やっぱり秋か冬か。

人生もバンドも、あとどれぐらい続けられるんだろう？

バンドは解散しないことだけは決めたから、よっぽどのことがない限り解散はしないだろう。しかし、解散はなくても、活動を続けていけるかどうかはわからない。メンバーの誰かが体調を崩したら、活動はできなくなる。

そう考えると、かなり綱渡りな生き方をしている。

この先は特にそうだ。病気や怪我、さらには死んでしまうことだって十分ありうる。続けたくても続けられなくなる理由は増えていく一方だ。

中学や高校の同級生も、病気をしたり、亡くなったりする人も出てきた。

でも、いや、だから続けられるうちは続けていかねばなのだ。今更、他に何ができる？　歌しかないじゃないか！　残された時間が少なくなってきているからこそ、今までよりもっと汗をかいて、恥をかいていくのだ。

恥といえば、僕が最初のメジャー時代にお世話になったレーベルの人の言葉で印象に残っているものがある。

それは、歳をとるとみんな恥ずかしいことを歌わなくなるから、歌がどんどん薄っぺらいものになっていって、つまらないものばかりになってしまうという話だった。歳をとると、みんな臆病になる。その結果、小手先のテクニックで作った当たり障りのない歌ばかりを歌うようになってしまう。

それではダメだ。やっぱり恥ずかしいことを歌わないと人の心には響かないんじゃないか？

というようなことを僕は30歳ぐらいの頃に言われた。

その言葉全てに賛同するわけではない。だが、今でも歌を作る時、その言葉を必ず思い出す。

もちろん恥ずかしいと言っても、いろいろある。50歳の僕が「マブい姉ちゃんと朝まで踊り明かそうぜ！」と歌ったとしたら、とても恥ずかしい。もし、僕が本気でそう思ってるのなら、それはそれで全然いいのだが、僕がその人から受け取った、恥ずかしいことを歌うというのはそういうことではない。「マブい姉ちゃんと朝まで踊り明かそうぜ」が恥ずかしいのは、それが嘘だからだ。そんなこと思っていないし、そもそも僕は踊れない。僕が歌いたいのは。それが本当に思っていることだからこそ恥ずかしい、という歌である。

歳とともに、歌に対する気持ちも少し変わってきた。

余分な厚着をしないシンプルな歌。それは、一回聴いたらすぐに覚えられるぐらいわかりやすい、とかそういう意味ではない。意味なんかわからなくてもちっとも構わない。

伝えたいのは意味なんかじゃないからだ。そんな頭で考えたような歌ではないのだ。五感全てを奮い立たせてくれて、全身の毛穴という毛穴が一斉に開いたり閉じたりする。それでいて生きるということを激しく、時に優しく、緩やかに肯定できるような歌。

生きるということを肯定するといっても、ただ人生は素晴らしい、と歌ったところで全く響かない人達もいる。そもそも僕がそうだ。

あらゆる表現は、生きるということを肯定している、という言葉を何かで読んだことがある。なるほど、と思った。

たとえ歌の中で「死にてぇー」とか「ぶっ殺す」とか歌っていても、そういう言葉でしか心に響かない人達が確実にいるのだ。そういう人達はそういうやけっぱちで暴力的な歌を聴きながら、生きるためのエネルギーを受け取っている。間違ってもそういう歌を聴いて、自分も死にたいとは思わない。

さて、次はどんな歌を作ろうか。絞り出せば歌いたいことは出てくるだろうし、まだまだ歌える。折り返し地点なんかない。折り返すつもりもない。ただ先へ先へと進むだけだ。バトンはまだ誰にも渡すつもりはない。それに若い世代は僕らのバトンなど受け取る気もないだろう。終活？　知ったことか。

僕らは、これからも折れかかったバトンをハイエースに乗せて、愚痴や弱音や、青臭い夢なんかを撒き散らしながら、全国を走り回るのだ。

そしていつかハイエースが廃車になって、僕らも走れなくなった時、ハイエースの轍に名前もまだ付いていないような地味で小さい花が真っ直ぐ伸びていたら最高だ。その時にはもう言い残したことなんか何もないだろうから。

たとえ今が冬だったとしても、季節は巡る。春はまた来るのだ！

おわりに

この本は書き下ろしのエッセイと、10年前に「三十代の爆走」と「四十代の逆走」というタイトルで連載していたエッセイ、そして、クハラカズユキさん、増子直純さん、ＴＡＩＳＥＩさん、尾崎世界観さん、角田光代さんとの対談をまとめたものです。

2年前、左右社さんから僕の本を出したいと言っていただいた時はとても嬉しかったのですが、久しくまとまった文章を書いていなかったせいもあり、正直まるで自信がありませんでした。

実際途中で何回もどこか田舎の山奥に逃げようかと思いかけましたが、無事にできあがった今、山に逃げなくて良かったと心底思います。

僕はワープロやパソコンが全く使えません。さらにスマートフォンも持っていません。なので、この本のエッセイは全て手書きで書いています。手書きを活字に打ち直してもらう作業を考えると、非常に申し訳ない気持ちでいっぱいになります。

でも手書きで書いた分、より血が通った文章になったのかもしれないとも、少しだけ思います。と同時に、早くアビバへ通えよとも思いますが……。

この2年間、僕という人間を知ってもらうために、何回も何回もインタビューという形で取材をしてもらいました。それこそ生まれた時から、ついこないだのことまで。時には3時間以上細かく話したこともあります。過去の取材で何回も話したこともあれば、取材はおろかまだ他の誰にも話したことのない話もしました。そういう機会を与えてくれたことで、僕自身、過去の出来事を細かく思い出すことができたし、目をそらしていた出来事にも改めて向き合うことができました。

その話した全てをこの本に書けたわけではありませんが、過去の自分をインタビューという形で振り返れたことが、エッセイの出汁、もしくは隠し味となっていると思います。

と、ここまで書いてきてふと気づきました。待てよ、本文より先にこの「おわりに」を読んでいる人は（およそ8割の人はそうでしょう?）、ものすごく濃い自伝的エッセイなのかと勘違いする可能性があるかもしれない、と。それはマズイ。本文のハードルがかなり上がってしまう。なので、ここではっきり書いておきます。この本はそんな眉間にシワを寄せて読むような濃い自伝的エッセイでは決してありません。とてもライトで読みやすい本です。軽すぎず、重すぎず、つまらなすぎず、面白すぎず……。いやいや、面白い本だと思います。どうか最後まで付き合ってください。

最初に声をかけてくれた代表の小柳さん、ど素人丸出しの文を細かくチェックしてくれてアドバイスしてくれた編集の青柳さん、過去のエッセイを担当してくれた元「ＪＵＩＣＥ」編集部の田代君、そして僕のミミズがのたくったような汚い字を活字に起こしてくれたり、常に相談に乗ってくれたフラワーカンパニーズスタッフの土井ちゃんに感謝します。

初出

コラム「海の男の巻」「バイオレンスの巻」「いらないものの巻」「血液型診断の巻」「どん兵衛の巻」「便所ノックの巻」「ＳＡ-ＹＯＵの巻」「腸内百景の巻」「素朴な疑問の巻」「省略の巻」「老〜いの巻」「くねくね事件の巻」「自転車おばさんの巻」「犬と猫の巻」「効くＣＭの巻」「なで肩男子の巻」「心のユートピアの巻」は、フリーペーパー「ＪＵＩＣＥ」（株式会社グローバル・ビジョン・メディア）に連載していた「三十代の爆走」（２００８年10月号〜２００９年４月号）、「四十代の逆走」（２００９年５月号〜２０１１年12月号）を加筆・修正・改題したものです。

鈴木圭介（すずき・けいすけ）

ロックバンド、フラワーカンパニーズのボーカル。1969年4月30日札幌生まれ、名古屋育ち。1989年、フラワーカンパニーズを結成。全国を機材車で駆け巡り、年間100本近いライブ活動を展開。楽曲「深夜高速」が多数のミュージシャンにカヴァーされ話題に。著書に『三十代の爆走』、『イッツオンリーロッキュンロール──鈴木圭介全歌詞集』、フラワーカンパニーズ『消えぞこない　メンバーチェンジなし! 活動休止なし! ヒット曲なし！のバンドが結成26年で日本武道館ワンマンライブにたどりつく話』がある。

深夜ポンコツ

2020年5月30日　第1刷発行

著者　鈴木圭介

発行者　小柳学

発行所　株式会社左右社
東京都渋谷区渋谷2-7-6
TEL 03-3486-6583
FAX 03-3486-6584
http://sayusha.com

装幀　松田行正＋杉本聖士

写真　南阿沙美（p185,p207）

カバー　「深夜高速」歌詞創作ノート

表紙　34歳頃の歌詞創作ノート

印刷所　創栄図書印刷株式会社

ISBN 978-4-86528-275-7
JASRAC　出　2003704-001

㊙テープ「圭くんのフィナーレ大放送」

僕は会えなくなってしまう友人に
向けてカセットテープにメッセージ
を録音してプレゼントをした。
（「13歳のカセットテープ」より）